쉽 게 만 들 어 입 는 옷

매일 입고 싶은 원피스 앞치마

Lady Boutique Series No.4474 KURASHINI YORISOU TEDUKURI NO KAPPOUGI
Copyright ⓒ2017 BOUTIQUE-SHA, INC.
All rights reserved.
Original Japanese edition published by BOUTIQUE-SHA, INC.
Korean translation rights ⓒ2018 by Happy Dream Publishing co.
Korean translation rights arranged with BOUTIQUE-SHA, INC. Tokyo
through Botong Agency, Seoul, Korea

이 책의 한국어판 저작권은 Botong Agency를 통한 저작권자와의 독점 계약으로 즐거운상상이 소유합니다.
신 저작권법에 의하여 한국 내에서 보호를 받는 저작물이므로 무단전재와 무단복제를 금합니다.

매일 입고 싶은 원피스 앞치마

1판 1쇄 발행 2018년 10월 1일
1판 1쇄 발행 2021년 5월 25일

지은이 _ 부티크사 편집부
옮긴이 _ 남궁가윤
펴낸이 _ 정원정, 김자영
편집 _ 홍현숙
디자인 _ 김민정

펴낸곳 _ 즐거운상상
주소 _ 서울시 중구 충무로 13 엘크루메트로시티 1811호
전화 _ 02-706-9452 팩스 _ 02-706-9458
전자우편 _ happydreampub@naver.com
페이스북 _ @happydreampub
출판등록 _ 2001년 5월 7일
인쇄 _ 천일문화사

ISBN 979-11-5536-125-2 (13630)

* 이 책의 모든 글과 그림, 사진, 디자인을 무단으로 복사, 복제, 전재하는 것은 저작권법에 위배됩니다.
* 잘못 만들어진 책은 서점에서 교환하여 드립니다.
* 책값은 뒤표지에 있습니다.

쉽게 만들어 입는 옷

매일 입고 싶은 원피스 앞치마

즐거운상상

contents

베이직 원피스 앞치마 P. 6, 7
만드는 법 ▶P.39

허리 주름 앞치마 P. 8, 9
만드는 법 ▶P.80

스퀘어넥 앞치마 P. 10, 11
만드는 법 ▶P.42

래글런 소매 앞치마 P. 12, 13
만드는 법 ▶P.45

허리 접박기 앞치마
& 리본 머리띠 P. 14, 15
만드는 법 ▶P.66, 69

반소매 앞치마 & 토시 P. 16, 17
만드는 법 ▶P.53, 56, 73

복고 스타일 앞치마 P. 18, 19
만드는 법 ▶P.50

보트넥 앞치마 & 머릿수건 P. 20, 21
만드는 법 ▶P.74, 73

브이넥 앞치마 & 주방 장갑 P. 22, 23
만드는 법 ▶P.63, 65

튜닉 앞치마 P. 24, 25
만드는 법 ▶P.48

접박기와 단추로 포인트를 준
앞치마 & 파우치 P. 26, 27
만드는 법 ▶P.70, 76

셰프 스타일 앞치마 P. 28, 29
만드는 법 ▶P.60

등 리본 앞치마 P. 30, 31
만드는 법 ▶P.57

카슈쾨르 앞치마 & 머리띠 P. 32, 33
만드는 법 ▶P.69, 77

주머니 앞치마 P. 34, 35
만드는 법 ▶P.82

재봉틀 바느질의 포인트 P. 36
원피스 앞치마를 만들기 전에 P. 37
실물 크기 옷본 사용하는 법 P. 38

※ 이 책에 실린 작품은 부록으로 들어가 있는 실물 크기 옷본과 그것을 응용하여
(일부 직선 작품은 제외) 만들 수 있습니다. 실물 크기 옷본은 p.38에 있는
옷본 사용법을 참조하여 다른 종이에 옮겨 그려서 사용하세요.
※ 실물 크기 옷본의 치수는 S~M, L~LL 두 가지입니다.

1

베이직 원피스 앞치마

뒤트임

원피스 앞치마의 기본 스타일입니다.
걷어 올리기 편한 7부 소매와
단추 뒤트임으로 만들어서
활동하기 편한 디자인입니다.
주머니 옆에는 수건 고리를 달았습니다.
작품 2는 작품 1과 같은 디자인이고
소맷부리에 시보리를 달았습니다.
팔에 고무줄 자국이 남지 않고
옷의 악센트 역할도 합니다.

만드는 법 ▶P.39
작품 1
옷감 | 요로파후쿠지노히데키
작품 2
옷감 | 코스모텍스타일(AY444-8N)
리브 니트 | 캡틴
제작 | 고바야시 가오리

3

허리 주름 앞치마

뒤트임

허리에 납작 고무줄을 넣어서 살짝 주름을 잡았어요.
풍성하지 않고 슬림한 핏이 예뻐보입니다.
잔꽃무늬 리넨으로 만들었어요.

만드는 법 ▶P.80

옷감 | 기지노모리 벨기에 리넨 프린트 Ashley(무염색)
제작 | 고바야시 가오리

4

스퀘어넥 앞치마

원피스형

네모나게 재단해서 만들 수 있는 쉬운 디자인입니다.
블랙워치 타탄으로 만든 작품 4에는 소매를 달았고
더블거즈 원단으로 만든 작품 5는 민소매로 만들었습니다.
계절이나 상황에 맞춰서 마음에 드는 스타일을 고르세요.

만드는 법 ▶P.42
옷감 | 코스모텍스타일(AY45202-8)
제작 | 나가시마 노조미

5

만드는 법 ▶P.42

옷감 | 코튼 고바야시
제작 | 나가시마 노조미

래글런 소매 앞치마
뒤트임

진동둘레가 넉넉해서 활동하기 편한
래글런 소매 앞치마입니다.
목둘레선은 바이어스테이프로 처리하고
소맷부리에는 커프스를 달아서
깔끔하게 마무리했습니다.

만드는 법 ▶P.45
옷감 | 기요하라
제작 | 가네마루 가호리

6

허리 접박기 앞치마
& 리본 머리띠

원피스형

허리에 있는 접박기가 포인트인 앞치마입니다.
원피스처럼 입을 수 있습니다.
뒤판 목둘레선과 허리에 고무줄을 넣어서
입고 벗기도 편해요.
앞치마와 세트로 리본 모양 머리띠를
만들어서 함께 코디해 보세요.

7

8

만드는 법 작품 7 ▶P.66 작품 8 ▶P.69

옷감 | 기요하라
바이어스테이프 | 캡틴
제작 | 가토 요코

반소매 앞치마 & 토시

원피스형

뒤판 허리선에 끼운 끈 2줄을 옆쪽에서 묶는 반소매 앞치마입니다. 작품 9는 앞뒤판 밑단 길이를 다르게 하여 조금 길게 만들었고 작품 10은 움직이기 편하게 길이를 짧게 했습니다. 여기에 토시를 끼면 7부 소매처럼 입을 수 있습니다.

만드는 법 ▶ P.53

옷감 | 코스모텍스타일(AD5187-217)
제작 | 시부사와 후사코

9

10

11

만드는 법 작품 10 ▶P.56 작품 11 ▶P.73

옷감 | 코스모텍스타일(AD5502-2D)
제작 | 시부사와 후사코

복고 스타일 앞치마

뒤트임

고전적인 분위기를 풍기는 이 앞치마는
소맷부리에 가는 고무줄을 3줄 넣어서
셔링 같은 느낌을 냈습니다.
새하얀 원단으로 만든 작품 12는
표백하기도 쉽고 청결한 느낌을 주고
큼직한 깅엄체크 원단으로 만든 작품 13은
귀여워 보입니다.

만도는 법 ▶P.50

옷감 | 기요하라
바이어스테이프 | 캡틴
제작 | 가네마루 가호리

12

13

만드는 법 ▶ P.50

옷감 | 이와세쇼텐
바이어스테이프 | 캡틴
제작 | 가네마루 가호리

보트넥 앞치마 & 머릿수건
원피스형

목둘레가 넓어서 트임이 없어도 입고 벗기 쉬운 보트넥 앞치마입니다.
굵은 줄무늬를 살려서 소매의 줄무늬 방향을 달리하고 허리에 고무줄을 넣어서 강약을 주었습니다.
같은 원단으로 머릿수건을 만들어 함께 코디해보세요.

14.

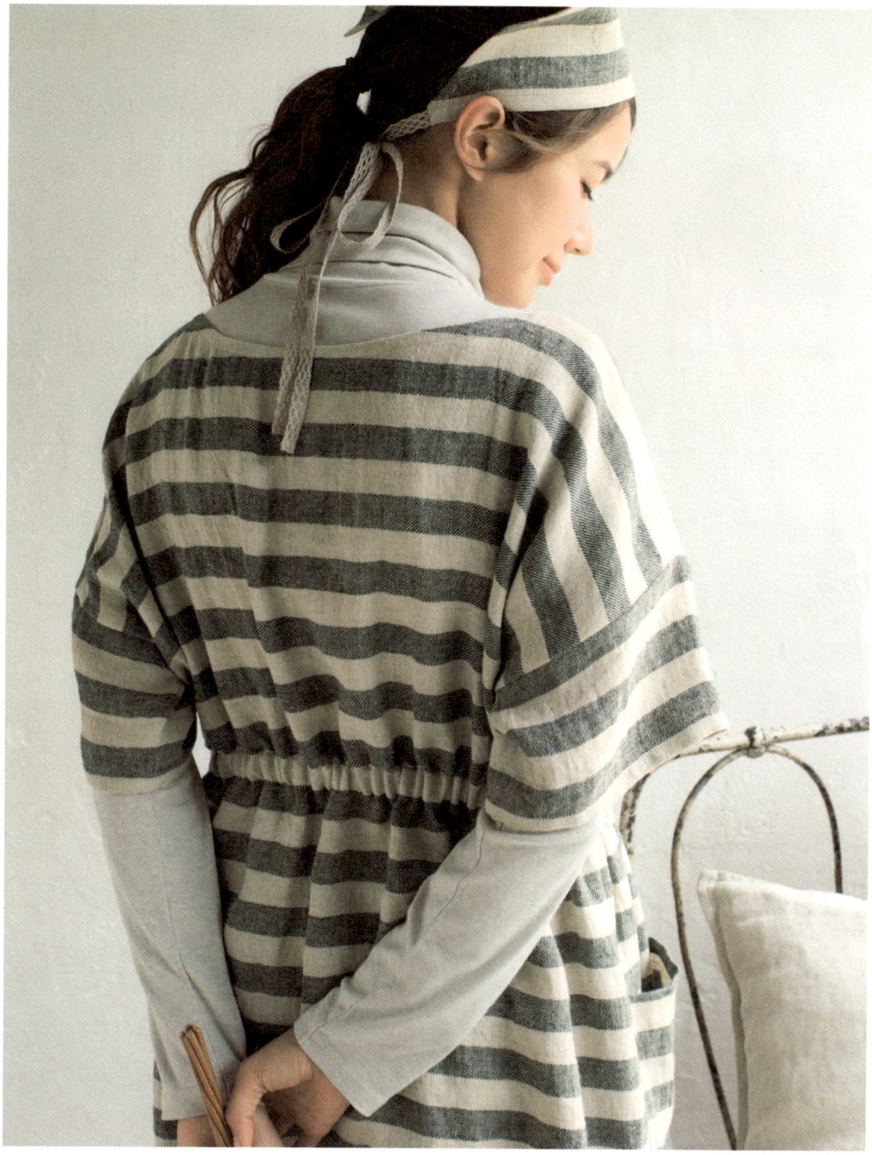

만드는 법 작품 14 ▶P.74
작품 15 ▶P.73

옷감 | 기지노모리 능직 1/25
라미 리넨 선염 줄무늬(초록)
바이어스테이프 | 캡틴
제작 | 나가시마 노조미

15

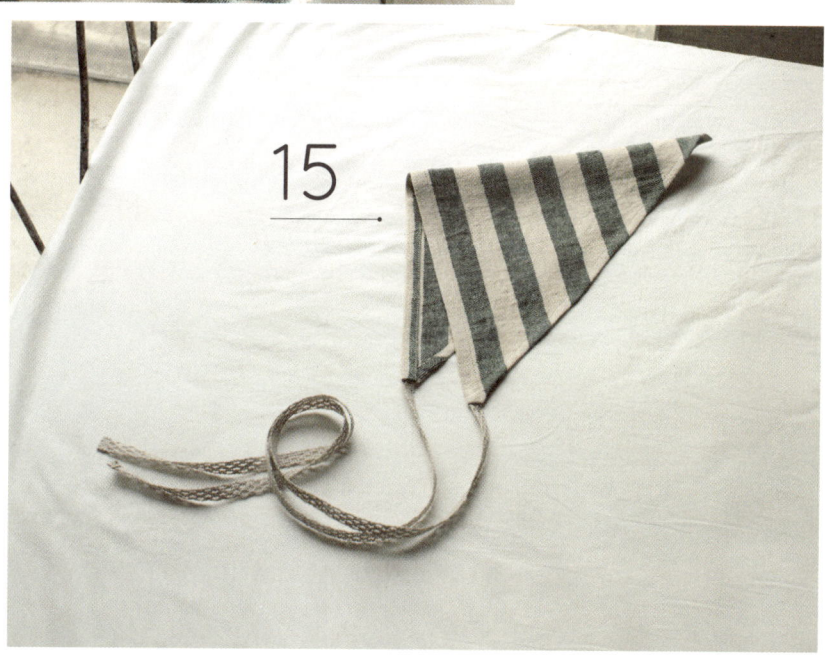

브이넥 앞치마 & 주방 장갑

원피스형

직선만으로 재단하여 만들 수 있는 디자인입니다.
깊이 판 브이넥과 사이드 슬릿이 산뜻해 보입니다.
주머니처럼 생겨서 사용하기 편한 주방 장갑도
세트로 만들어 보세요.

16

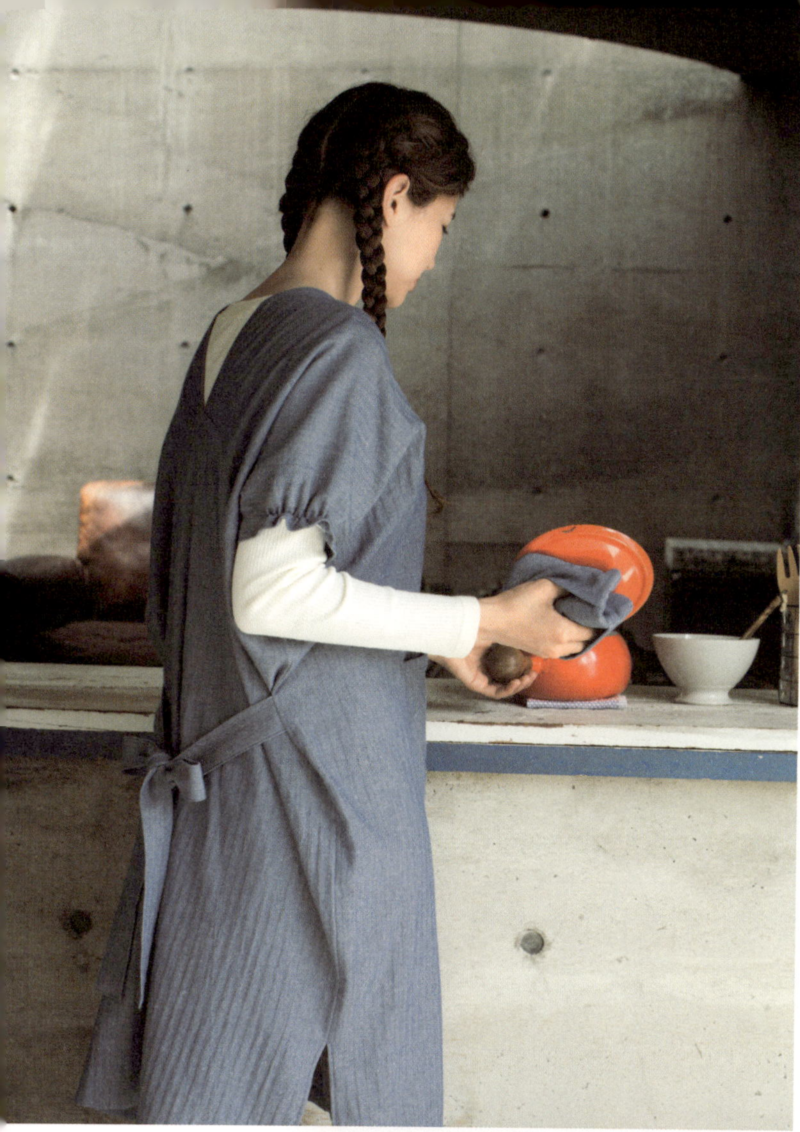

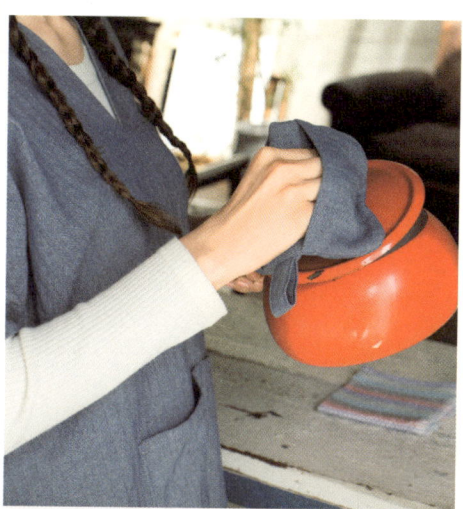

만드는 법 작품 16 ▶P.63
작품 17 ▶P.65

옷감 | 코스모텍스타일(AY7050-1A)
제작 | 시부사와 후사코

17

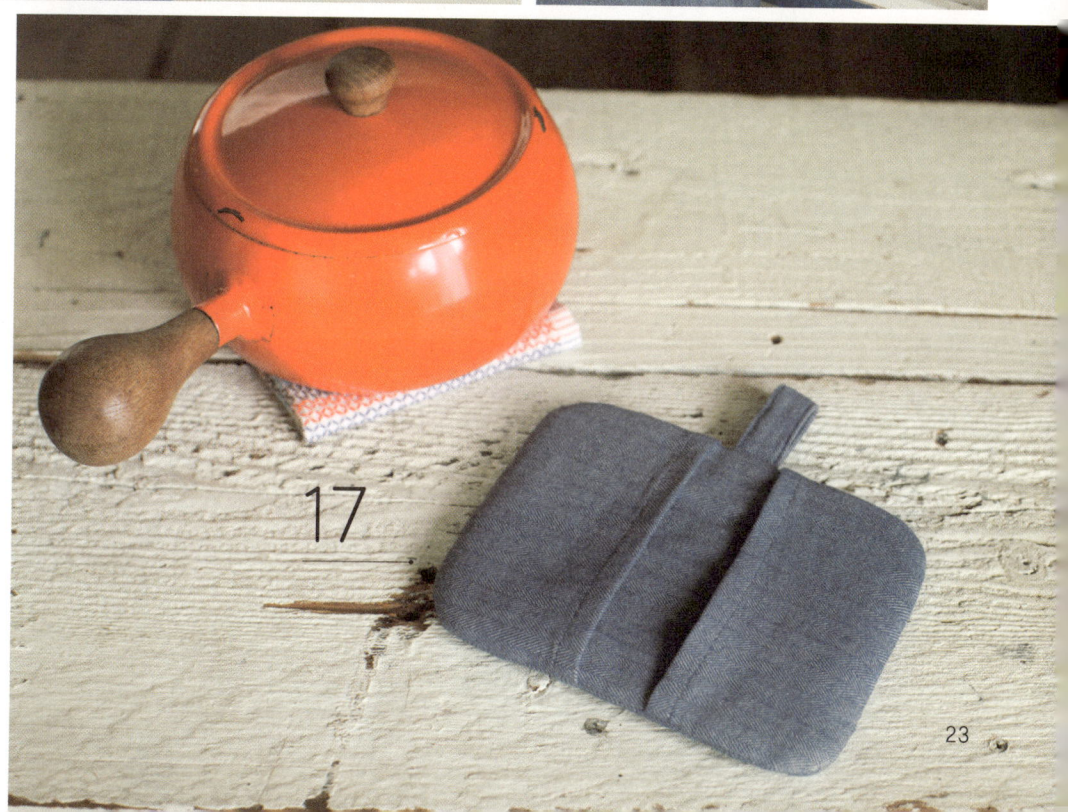

25

접박기와 단추로
포인트를 준 앞치마
& 파우치

원피스형

단정한 느낌이 드는 가슴의 접박기와 단추가 포인트입니다.
검정색으로 테두리를 둘러서 산뜻하게 마무리했습니다.
스트링 파우치를 세트로 만들어 두면 요리교실 등에
앞치마를 가지고 다니기 편리하답니다.

만드는 법 작품 19 ▶P.70
작품 20 ▶P.76

옷감 | 기요하라
바이어스테이프 | 캡틴
제작 | 고바야시 가오리

셰프 스타일 앞치마

앞트임

조리복에서 착안하여 더블 여밈 앞치마를 만들었습니다.
작품 21은 검정색 원단으로 단정한 느낌을
작품 22는 가는 줄무늬 리넨으로 매니시룩 느낌을 냈습니다.

만드는 법 ▶P.60

옷감 | 기요하라
제작 | 다마루 가오리

22

만드는 법 ▶P.60
옷감 | 기지노모리 펜슬라인 스트라이프 (모스그린)
제작 | 다마루 가오리

등 리본 앞치마

뒤트임

등에 큼직한 리본을 달아서
뒷모습도 멋진 앞치마입니다.
프릴을 단 소맷부리와 주름을 잡은 주머니도
세심하게 디자인했습니다.
진한 와인색 더블거즈로 만들었어요.

만드는 법 ▶P.57
옷감 | 코튼 고바야시
제작 | 고바야시 가오리

23

카슈쾨르 앞치마 & 머리띠

앞트임

앞여밈이라서 입기 편한 카슈쾨르 스타일 앞치마는 꽃무늬 원단으로 만들어서 외출용으로도 좋습니다.
스마트폰용 주머니를 따로 달아서 편리하지요.
머리띠는 원하는 폭으로 접어서 스타일링 할 수 있습니다.

만드는 법 작품 24 ▶P.69
　　　　　　작품 25 ▶P.77
옷감 | 요로파후쿠지노히데키
바이어스테이프 | 캡틴
제작 | 가토 요코

25

26.

주머니 앞치마

원피스형

물건을 넉넉하게 수납할 수 있는
커다란 주머니 4개를 나란히 달았어요.
손이 자유로워서 일하기 편합니다.
소매를 걷기 편하게 탭을 달았어요.
입고 벗기 쉽게 고무줄을 넣은
뒤판 목둘레선도 포인트지요.

만드는 법 ▶ P.82

옷감 | 이와세쇼텐
제작 | 다마루 가오리

재봉틀 바느질의 포인트
이 책에서 자주 쓰이는 바느질법과 바이어스테이프를 사용하여 마무리하는 법을 소개합니다.

박기 시작할 때와 마칠 때

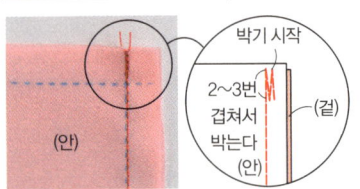

박기 시작할 때와 마칠 때는 솔기가 풀리지 않도록 같은 땀 위를 2~3번 겹쳐서 박습니다.

모서리 박는 법

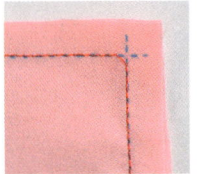

모서리 1땀을 빼고 박으면, 겉으로 뒤집었을 때에 모서리가 깔끔하게 나옵니다.

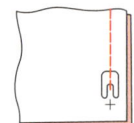

1 모서리 1땀 앞에서 바늘을 꽂은 상태로 재봉틀 노루발을 올리고 옷감을 돌립니다.

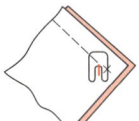

2 노루발을 내리고 1땀을 비스듬히 박습니다.

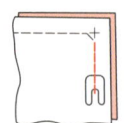

3 바늘을 꽂은 채로 노루발을 올리고 옷감을 돌린 뒤에 계속해서 박습니다.

두번 접어박기

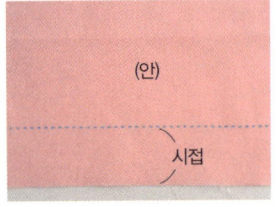

1 완성선을 표시하고 옷감 안쪽을 위로 오게 놓습니다.

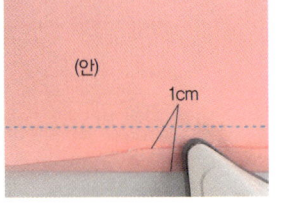

2 옷감 가장자리를 1cm 접습니다. (접는 폭은 만드는 법 페이지 참조)

3 완성선을 접어서 다립니다.

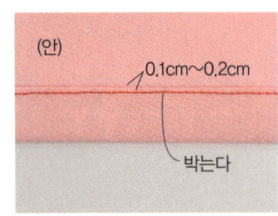

4 접은 부분 바로 옆을 박습니다.

바이어스테이프

접은 바이어스테이프
양 가장자리가 접혀 있는 바이어스테이프. 시접을 처리했을 때 옷감 겉면에서 테이프가 보이지 않게 마무리됩니다.

바인딩 바이어스테이프
가장자리가 안쪽으로 들어가도록 접혀 있는 바이어스테이프. 시접을 처리했을 때 옷감 겉면에서 테이프가 보이는 상태로 마무리됩니다.

곡선 부분에 바이어스테이프를 달 때

1 미리 바깥 곡선 쪽을 손으로 늘립니다.

2 바이어스테이프를 옷본 완성선의 곡선을 따라서 놓고 다려 줍니다.

접은 바이어스테이프로 시접을 처리하는 법

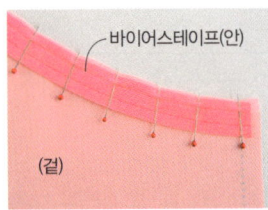

1 바이어스테이프의 안쪽 곡선 쪽을 펴서 몸판의 완성선과 바이어스테이프의 접음선을 겉끼리 맞대고 시침핀으로 고정합니다.

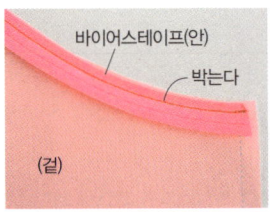

2 바이어스테이프의 접음선 위를 박습니다.

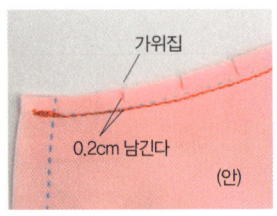

3 몸판 시접에만 곡선 부분에 가위집을 넣습니다.

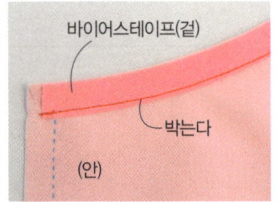

4 바이어스테이프를 솔기에서 몸판 안쪽으로 접어서 넘기고, 바이어스테이프 가장자리를 박습니다.

원피스 앞치마를 만들기 전에

참고 신체 치수

	가슴둘레	허리둘레	엉덩이둘레	소매길이	키
S · M	79~84	62~66	84.5~90	53	158
L · LL	88~93	69~73	94.5~100	55	166

◆ 만드는 법 페이지의 숫자 단위는 cm입니다.

완성 치수 표기

책에 실린 작품의 완성 치수는 오른쪽 그림에 따라 표기합니다.

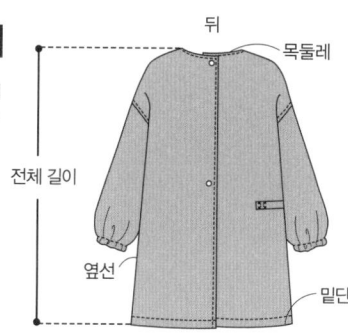

제도 기호

완성선	안내선	골선	접음선	주름 잡는 법을 표시한다 (빗금의 높은 쪽에서 낮은 쪽으로 옷감을 접는다)
———	— — —	— · — · —	— — —	
안단선	식서 방향(화살표 방향이 천의 세로 방향)	등분선·같은 치수를 표시한다	단추	
– – – –	←——→	⌒⌒	○	

옷감을 마름질하는 법

이 책의 실물 크기 옷본에는 시접이 포함되지 않습니다. 만드는 법 페이지의 '옷감을 마름질하는 법'에 적힌 시접 치수를 더한 옷본을 만들어서 옷감을 마름질합니다.

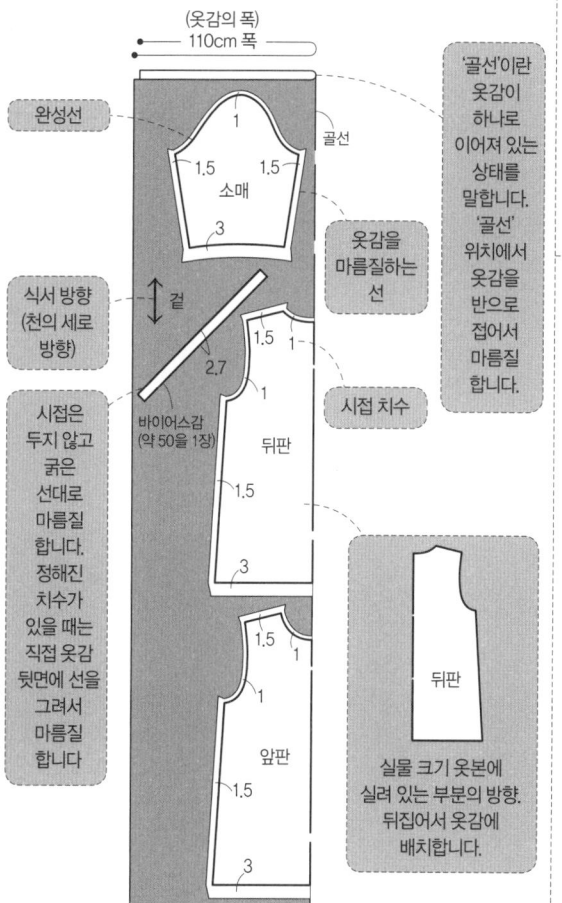

옷감 다루는 법

리넨(마)은 수분을 함유하면 줄어드는 성질이 있으므로 마름질하기 전에 미리 물에 담가서 수축시켜 둡니다. 반쯤 말랐을 때에 일반 다리미로 옷감의 세로와 가로 방향의 올을 바로잡으면서 주름이 살짝 펴질 정도로 다립니다.

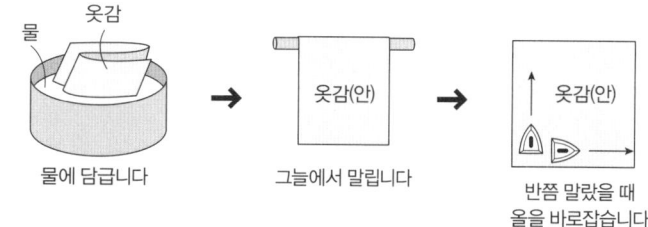

표시하는 법

2장에 한꺼번에 표시할 때
옷감 사이(안쪽 면)에 양면 초크 페이퍼를 끼우고 소프트 룰렛으로 완성선을 따라 그립니다. 맞춤 표시나 주머니 다는 위치 등도 잊지 말고 표시합니다.

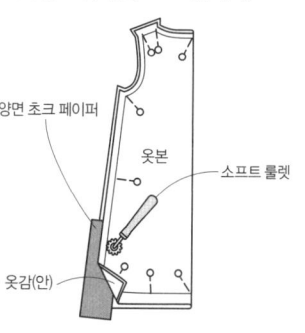

1장에 표시할 때
옷감 안쪽 면과 단면 초크 페이퍼의 색이 묻은 면을 맞대고 소프트 룰렛으로 완성선을 따라 그립니다.

접착심지 붙이는 법

다리미는 옆으로 밀지 말고 절반씩 겹치면서 틈이 생기지 않도록 조금씩 움직이며 누르듯이 다려 줍니다.

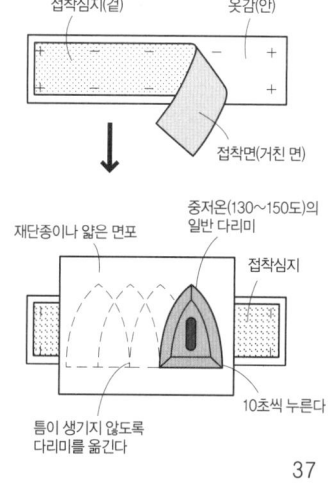

실물 크기 옷본 사용하는 법

1. **실물 크기 옷본을 준비한다.**
   - ◆ 책의 뒤표지 안쪽에 붙어있는 실물 크기 옷본을 떼어 냅니다.
   - ◆ 만들고 싶은 작품 번호의 옷본이 어떤 선으로 표시되어 있고 몇 조각으로 나뉘어 있는지 확인합니다.
   - ◆ 옷본을 수정해야 하는 작품은 만드는 법 페이지에 수정하는 방법을 확인합니다.

2. **다른 종이에 옮겨 그린다.**
   - ◆ 옷본을 다른 종이에 옮겨 그려서 사용합니다. 옮겨 그리는 방법에는 두 가지 방법이 있습니다.

   ### 비치지 않는 종이에 옮겨 그릴 때
   옮겨 그릴 종이 위에 옷본을 놓습니다. 초크 페이퍼(단면 타입)를 그 사이에 끼우고, 소프트 룰렛으로 옷본의 선을 따라서 그립니다.

   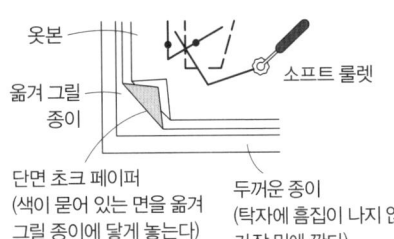

   ### 비치는 종이에 옮겨 그릴 때
   옷본 위에 옮겨 그릴 비치는 종이(재단종이 등)를 놓고 연필로 따라 그립니다.

   ### 옷본을 옮겨 그릴 때 주의할 점
   몸판과 안단 등 두 가지 옷본이 겹쳐져서 1장으로 되어 있는 경우가 있습니다. 이때는 그림처럼 2번 옮겨 그려서 옷본을 따로따로 만듭니다.

   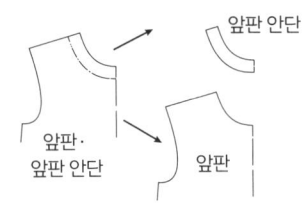

   ★ '맞춤 표시', '주머니 다는 위치', '트임 끝', '식서 방향(천의 세로 방향)' 등도 잊지 말고 옮겨 그리고, 해당 부분의 '이름'도 적습니다.

3. **시접을 두고 옷본을 자른다.**
   - ◆ 옷본에는 시접이 달려 있지 않으므로 만드는 법 페이지의 지시에 따라서 시접을 둡니다.

   ### 시접을 둘 때 주의할 점
   - 박아서 잇는 부분의 시접은 원칙적으로 같은 폭으로 둡니다.
   - 완성선에 평행이 되도록 시접을 둡니다.
   - 연장해서 시접을 둘 때에는 옮겨 그릴 종이에 여백을 남기고 시접을 접은 상태에서 잘라서, 시접이 부족하지 않도록 합니다.(예 참조)
   - 옷감 소재의 성질(두께, 늘어나는 정도)과 트임 위치(뒤판 중심선, 앞판 중심선 등), 봉제 방법에 따라 시접 폭은 달라집니다.

   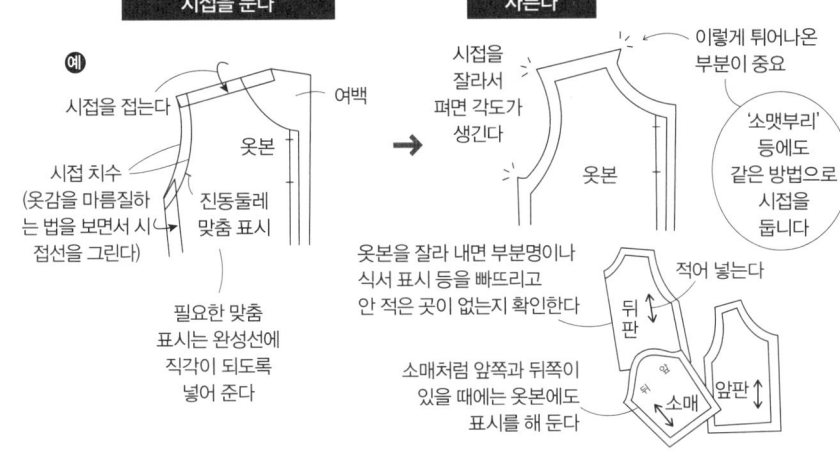

4. **옷본을 옷감 위에 배치하고 옷감을 마름질한다.**
   - 필요한 옷본을 옷감 위에 놓아 봅니다. 이때 옷감의 접는 법, 옷본의 식서 방향(천의 세로 방향) 등에 주의하면서 배치하고, 옷감이 움직이지 않도록 시침핀으로 고정하고 마름질합니다.

   큰 탁자가 없으면 옷감을 펼칠 수 있는 공간에서 마름질한다.

   ※ 식서 방향 (옷감의 세로 방향을 말한다)

   ※ 날실 방향을 식서 방향(세로 방향), 씨실 방향을 푸서 방향(가로 방향)이라고 한다.

   ※ 식서 방향과 옷본에 적힌 식서 방향선을 맞춰서 옷본을 놓는다.

   옷본은 일단 전부 놓아 보고 배치를 생각한다.

   마름질할 때에 옷감을 움직이면 선이 어긋나므로 몸을 움직이면서 마름질한다.

   직선 부분은 실물 크기 옷본이 들어 있지 않으므로 직접 옷감에 선을 그려서 마름질한다.

   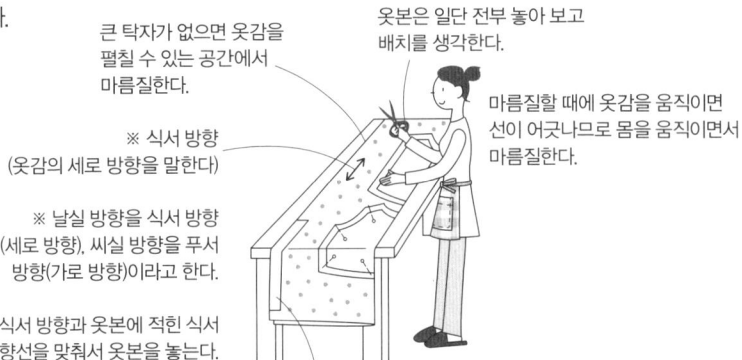

page 6_1

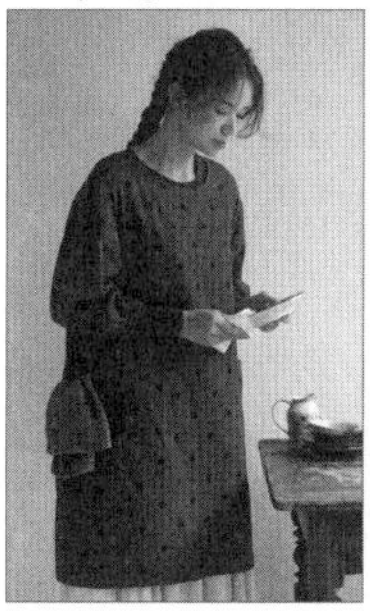

page 7_2

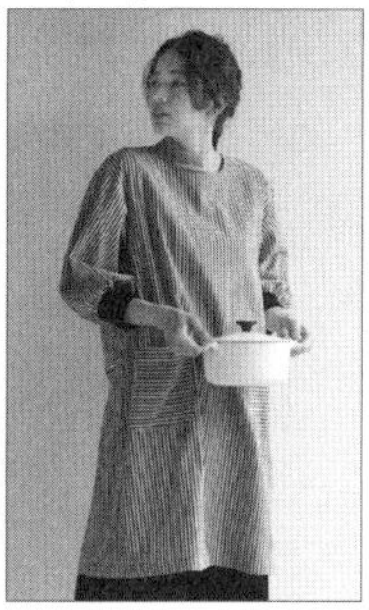

재료		S · M	L · LL
1 옷감(더블거즈)	110cm 폭	3m 20cm	3m 40cm
2 옷감(선염 줄무늬)	110cm 폭	3m 10cm	3m 20cm
접착심지(니혼바이린 FV-2N)	112cm 폭	1m	1m 10cm
1 납작 고무줄	1.5cm 폭	50cm	50cm
2 시보리용 옷감	42cm 둘레×16cm	1장	1장
단추	지름 2cm	2개	2개

완성 치수	S · M	L · LL
전체 길이	93cm	97.8cm

숫자 보는 법
S～M 치수
L～LL 치수
하나만 있는 숫자는 공통

옷본

◆ 실물 크기 옷본은 A면에 있습니다.
・ 사용하는 부분 : 앞판, 뒤판, 앞쪽 안단, 뒤쪽 안단, 소매, 주머니
※ 수건 고리, 작품 2의 소맷부리는 실물 크기 옷본이 없으므로 각자 제도합니다.

◆ 작품 2의 옷본 수정하는 법 ・ 소매 길이를 짧게 한다.

= 실물 크기 옷본

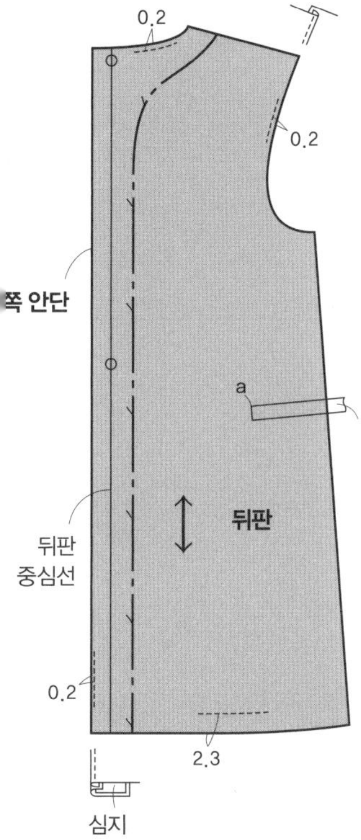

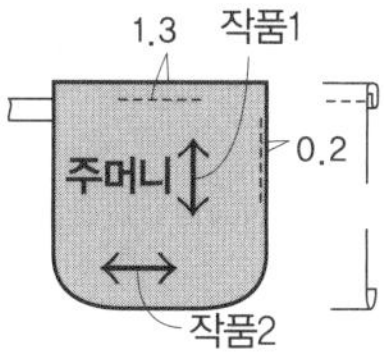

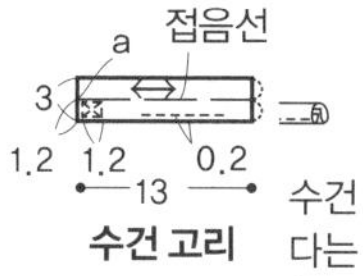

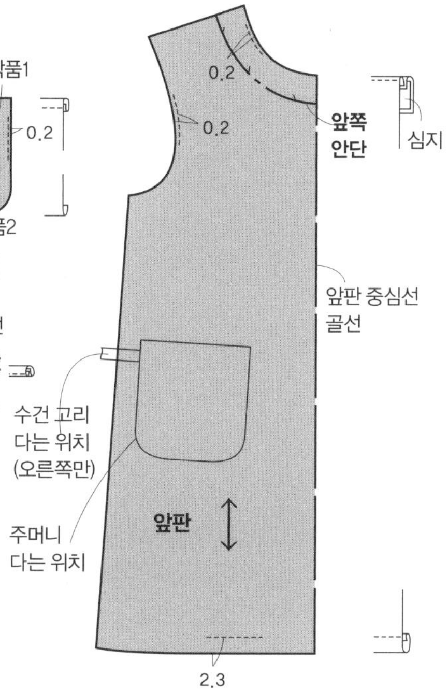

작품 1 옷감을 마름질하는 법

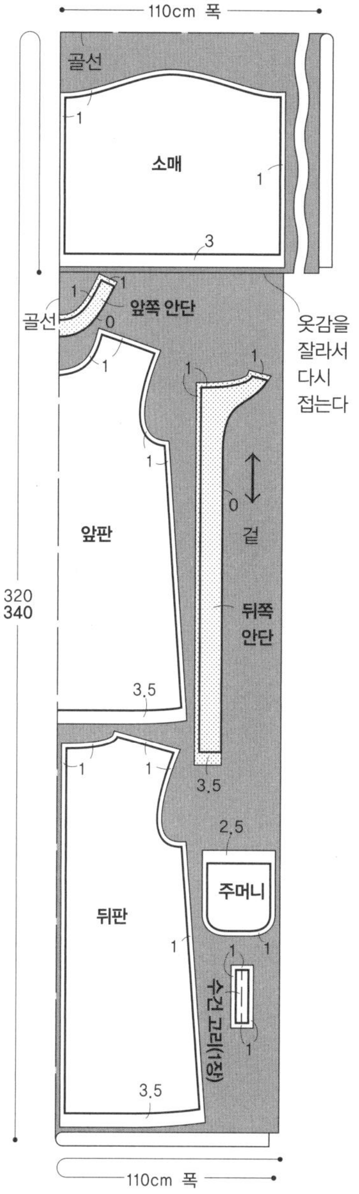

= 접착심지 붙이는 부분

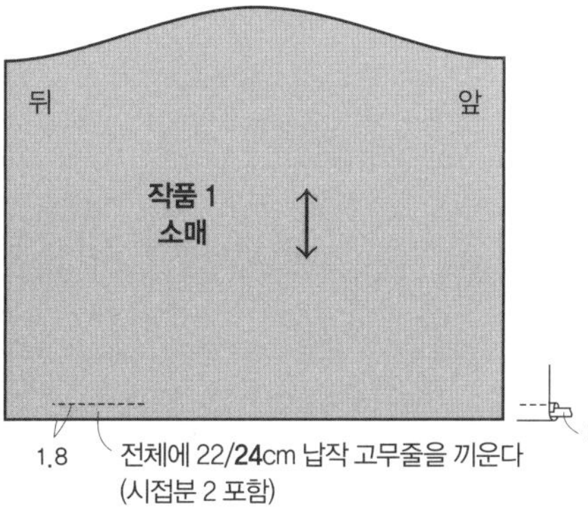

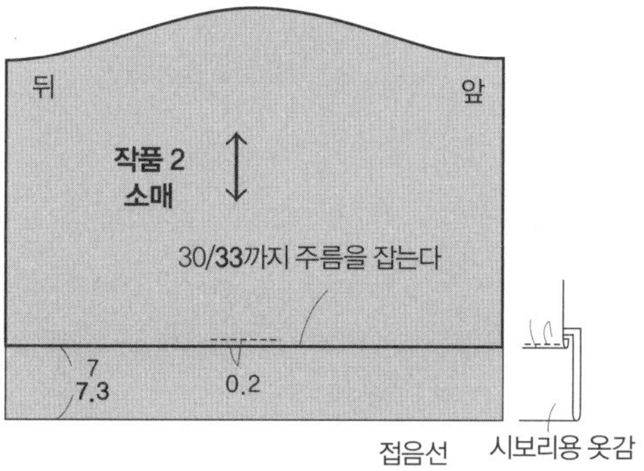

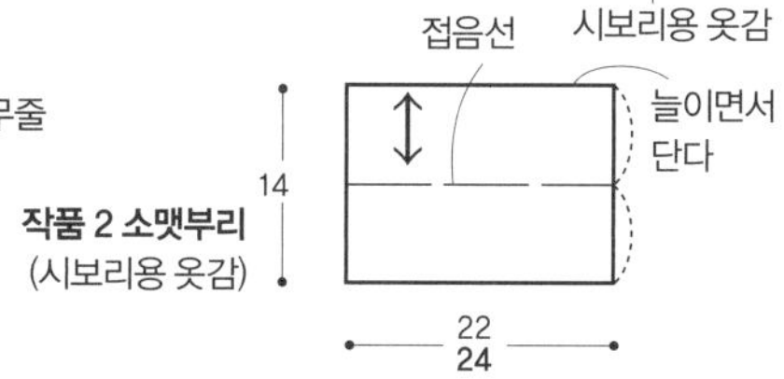

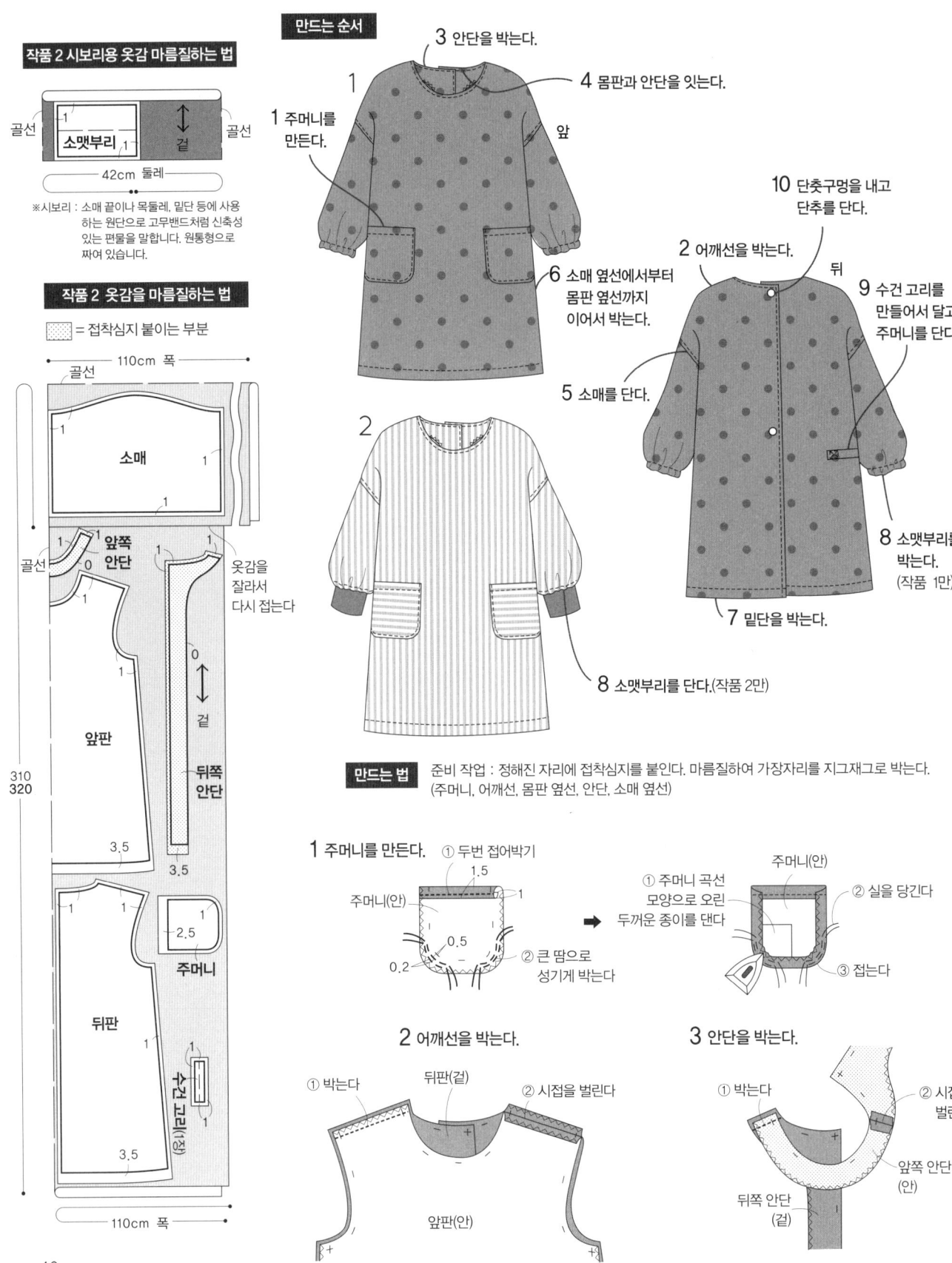

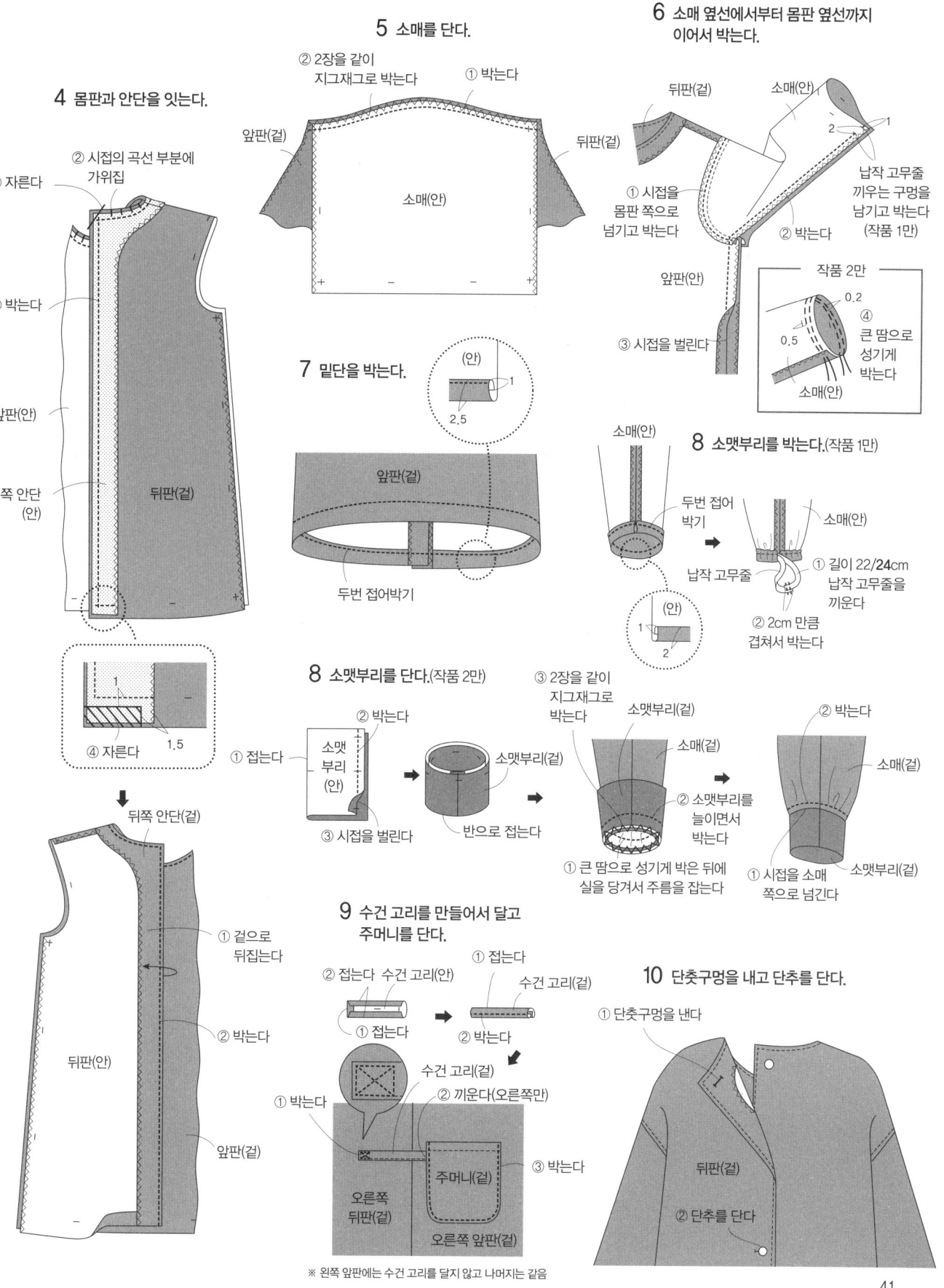

page 10 _ 4 page 11 _ 5

재료		S · M	L · LL
4 옷감(면마 체크무늬)	110cm 폭	2m 60cm	2m 70cm
5 옷감(더블거즈)	110cm 폭	2m	2m 10cm
4 납작 고무줄	3cm 폭	90cm	1m
5 납작 고무줄	3cm 폭	40cm	50cm
완성 치수		S · M	L · LL
4 전체 길이		90.5cm	95cm
5 전체 길이		80.5cm	84.5cm

숫자 보는 법
S~M 치수
L~LL 치수
하나만 있는
숫자는 공통

제도

◆ 실물 크기 옷본이 없으므로 각자 제도합니다.

※ 종이에 그린 다음 옮겨 그리거나 옷감 뒷면에 직접 그려서 마름질합니다.

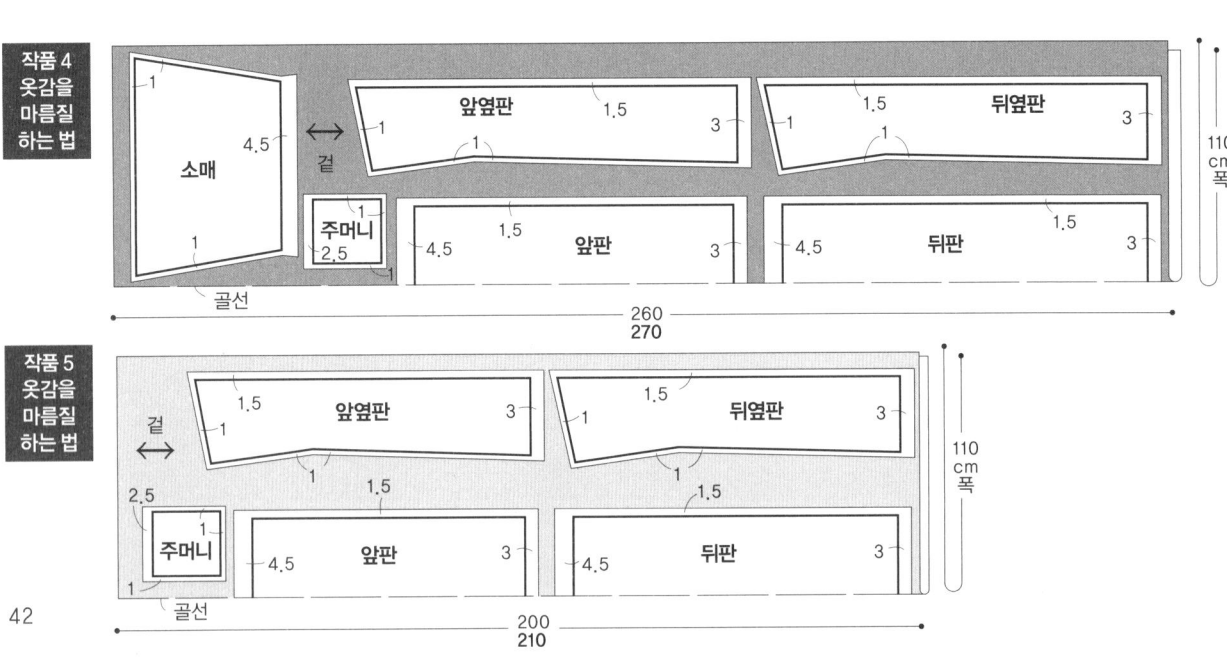

만드는 순서 ★ 만드는 법 그림은 작품 4로 설명합니다.

만드는 법 ※ 준비 작업: 마름질하여 가장자리를 지그재그로 박는다.(주머니)

1 주머니를 만든다.

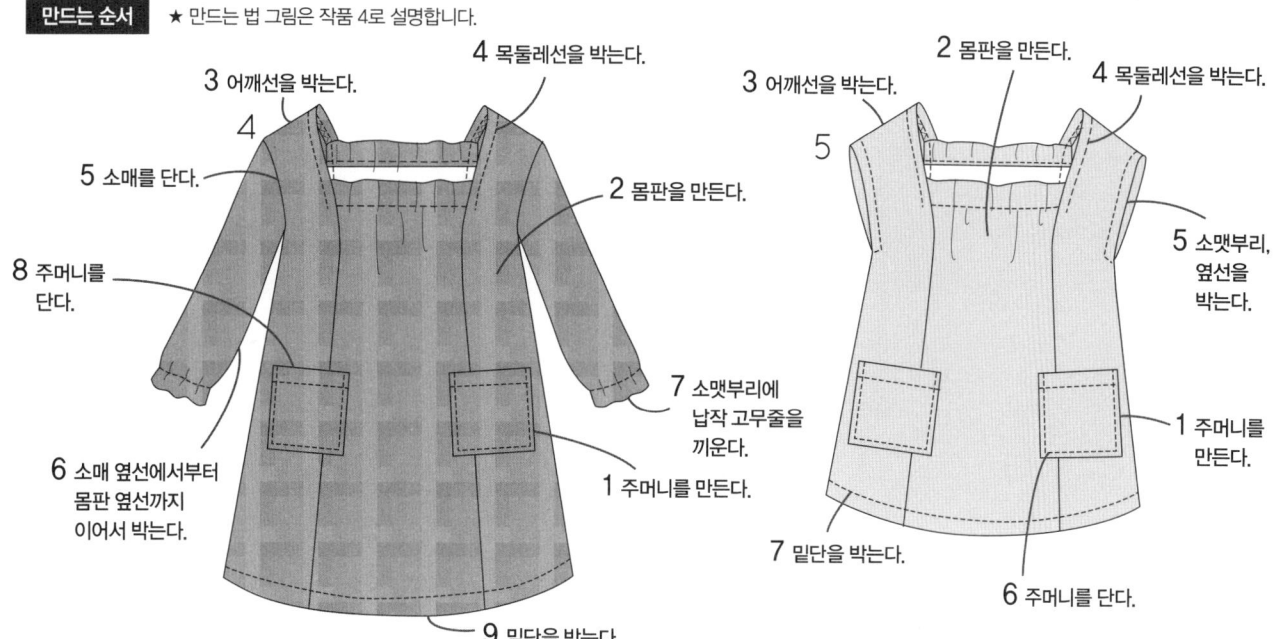

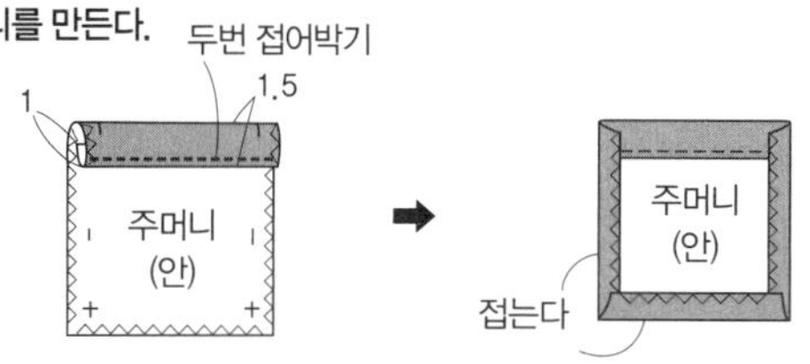

2 몸판을 만든다.

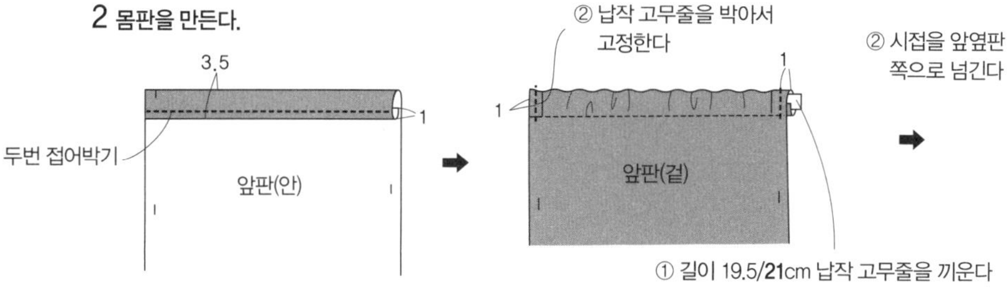

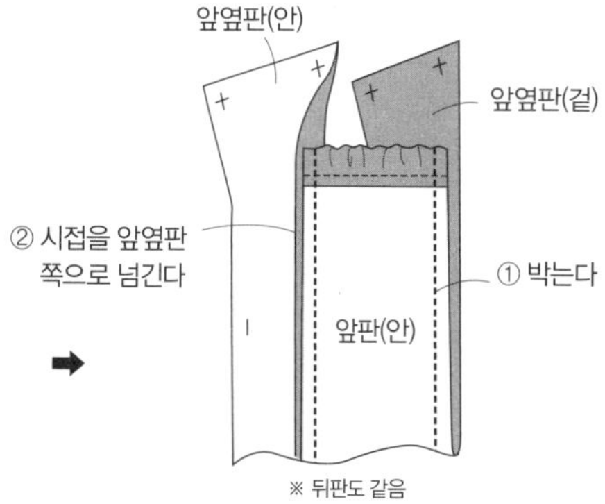

3 어깨선을 박는다.

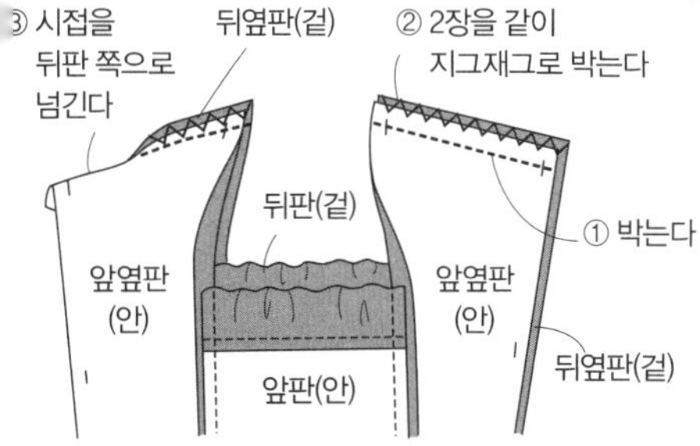

4 목둘레선을 박는다.

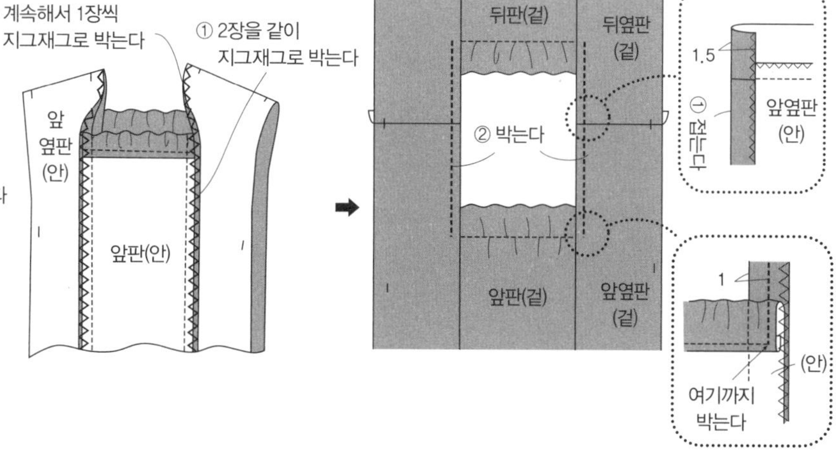

5 소매를 단다(작품 4).

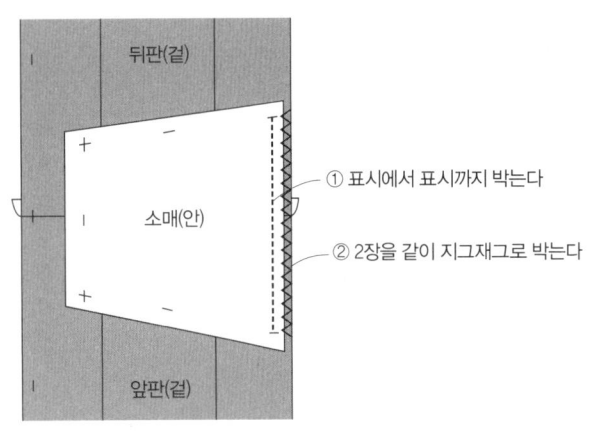

6 소매 옆선에서부터 몸판 옆선까지 이어서 박는다(작품 4).

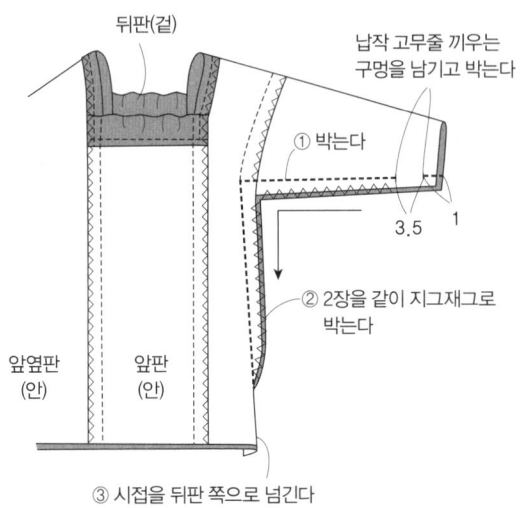

― 작품 5의 경우 ―

5 소맷부리, 옆선을 박는다.

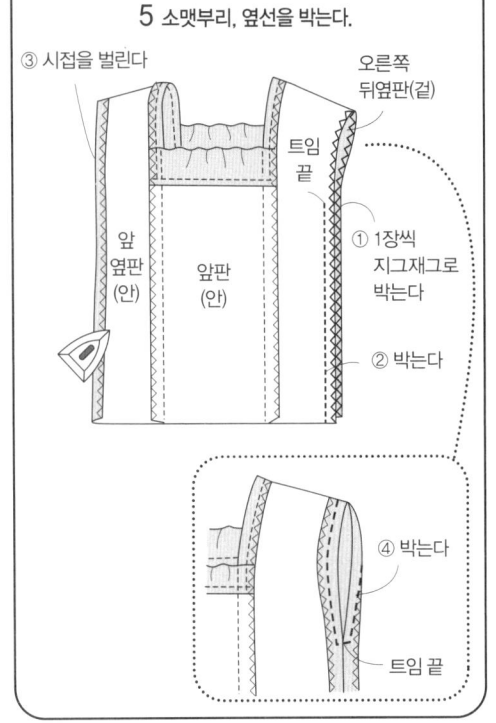

7 소맷부리에 납작 고무줄을 끼운다.

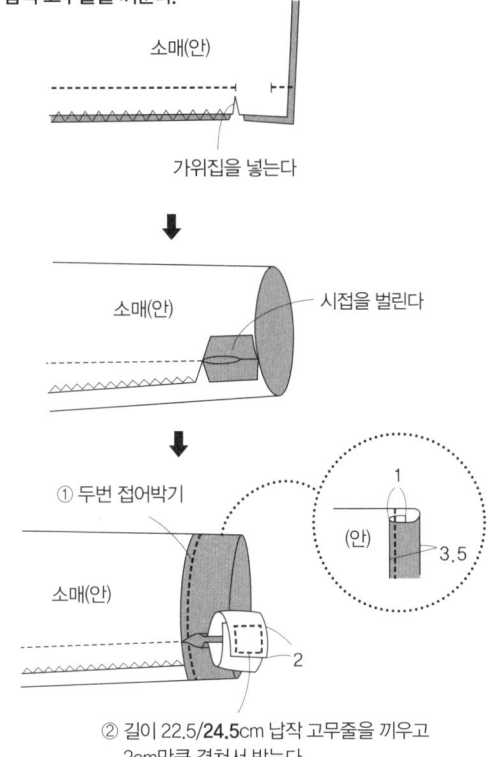

② 길이 22.5/**24.5**cm 납작 고무줄을 끼우고 2cm만큼 겹쳐서 박는다

8 주머니를 단다.

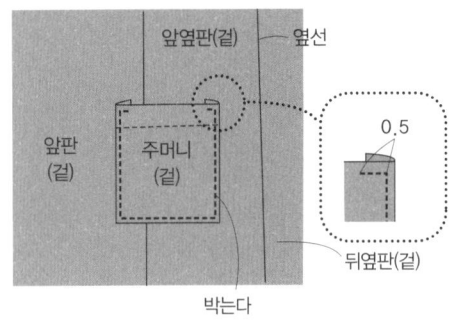

9 밑단을 박는다.

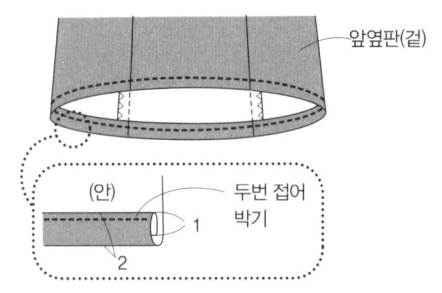

page 7 _ 6

재료		S · M	L · LL
옷감(컴피 리넨)	110cm 폭	3m 40cm	3m 60cm
접착심지(니혼바이린 FV-2N)	112cm 폭	1m	1m 10cm
완성 치수		S · M	L · LL
전체 길이		90cm	94.6cm

숫자 보는 법
S~M 치수
L~LL 치수
하나만 있는
숫자는 공통

옷본
◆ 실물 크기 옷본은 B면에 있습니다.
• 사용하는 부분: 앞판, 뒤판, 뒤쪽 안단, 주머니, 소매
※ 끈, 커프스는 실물 크기 옷본이 없으므로 각자 제도합니다.

◯ = 실물 크기 옷본

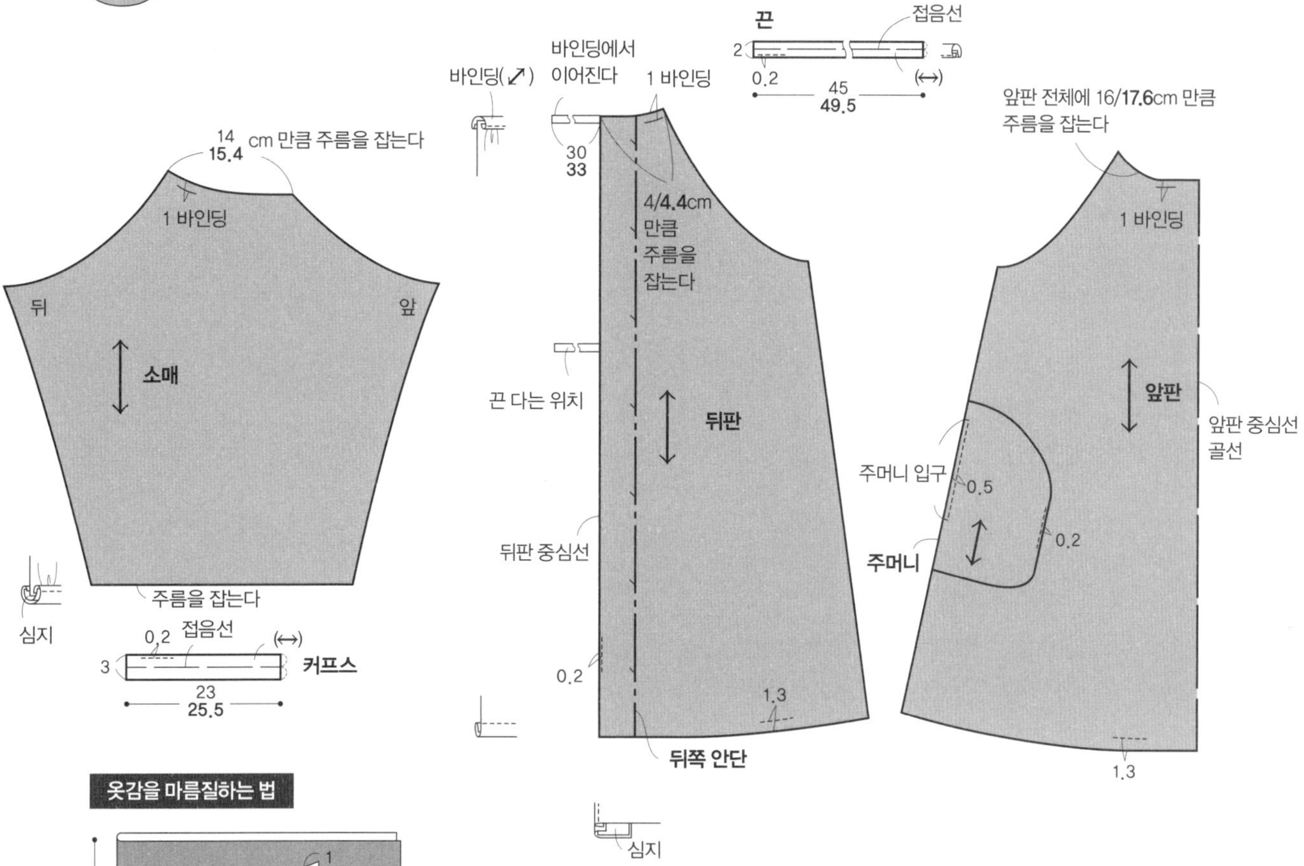

옷감을 마름질하는 법

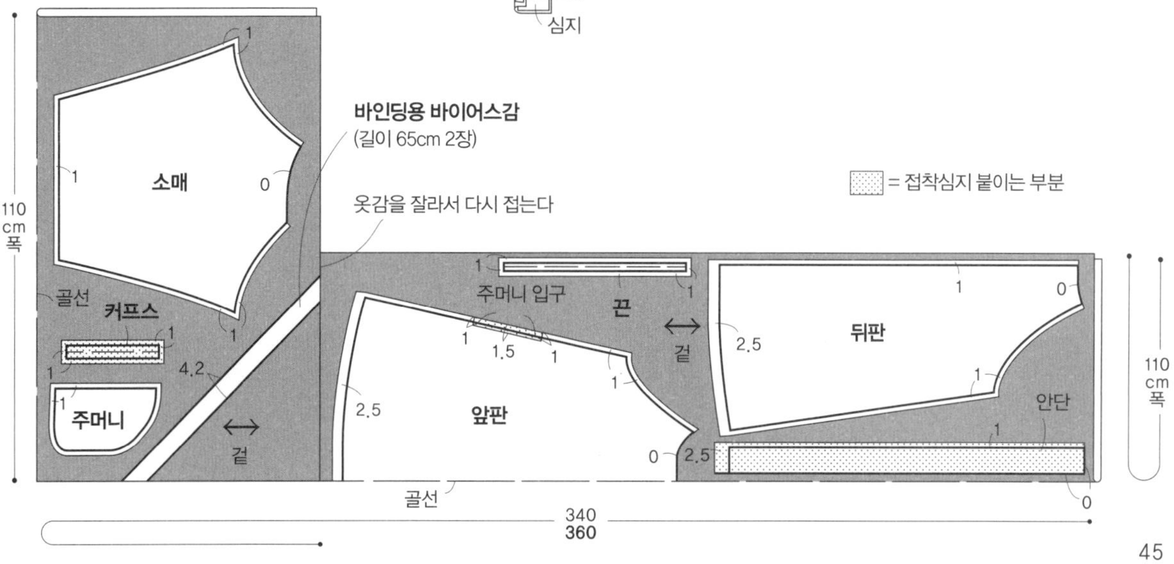

▨ = 접착심지 붙이는 부분

만드는 순서

만드는 법

※ 준비 작업: 정해진 자리에 접착심지를 붙인다.
마름질하여 가장자리를 지그재그로 박는다. (안단, 주머니, 몸판 옆선, 소매 옆선)

1 주머니를 만들어서 단다.

2 커프스를 만든다.

3 소매를 만든다.

4 옆선을 박는다.

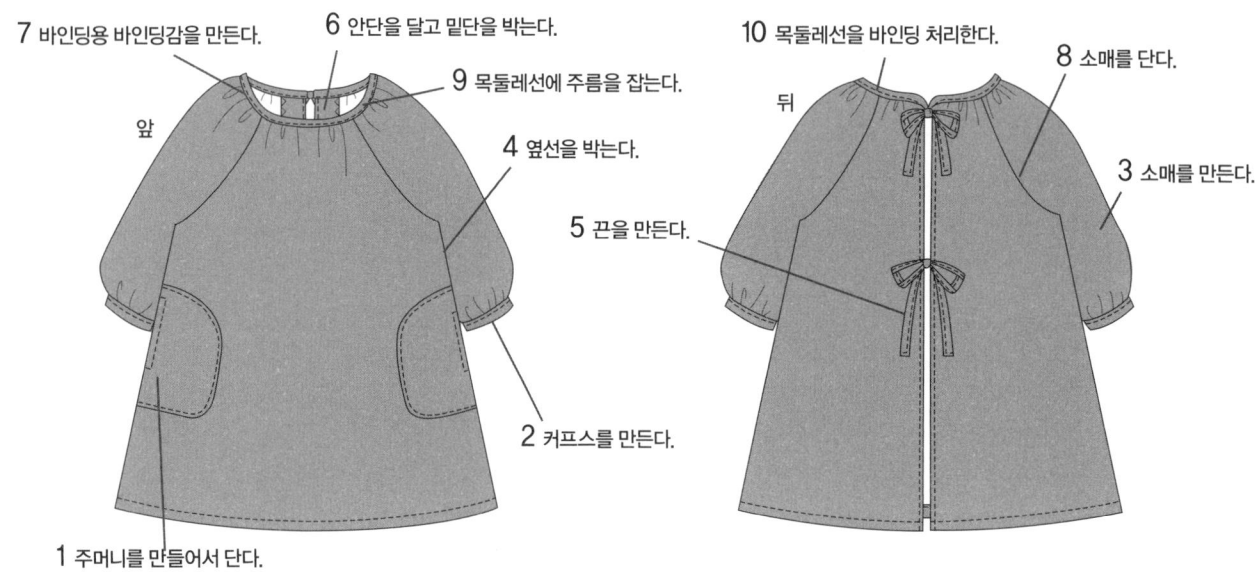

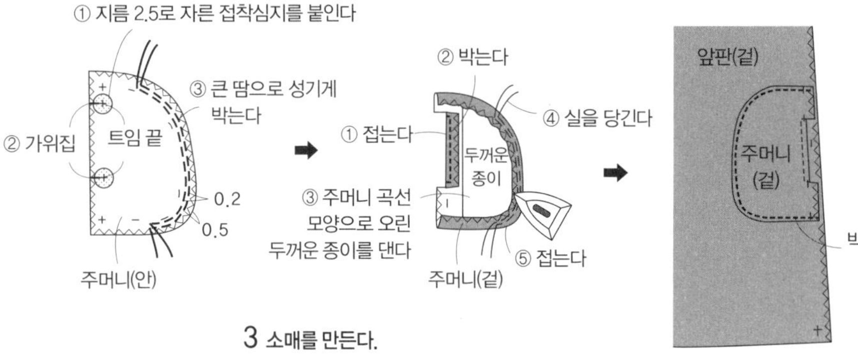

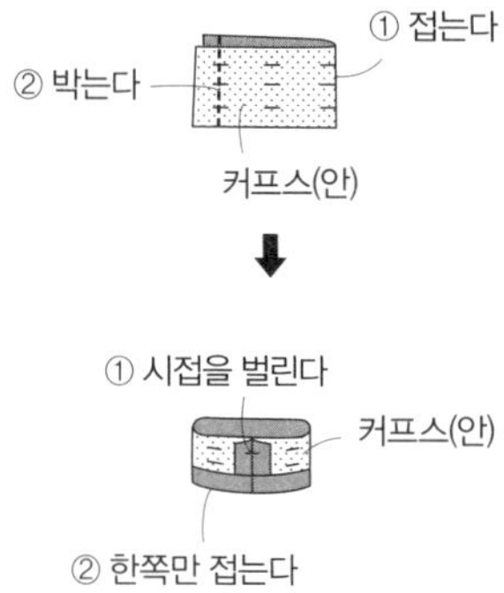

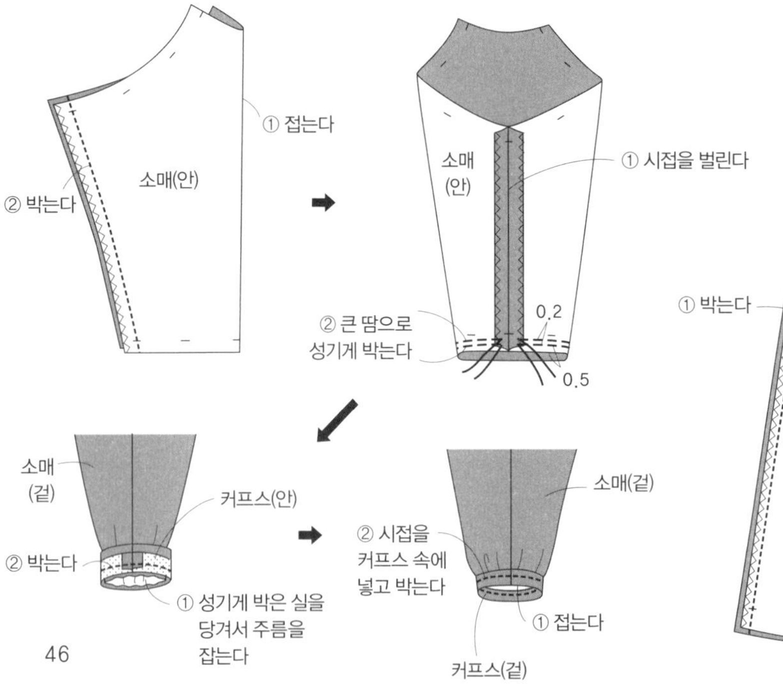

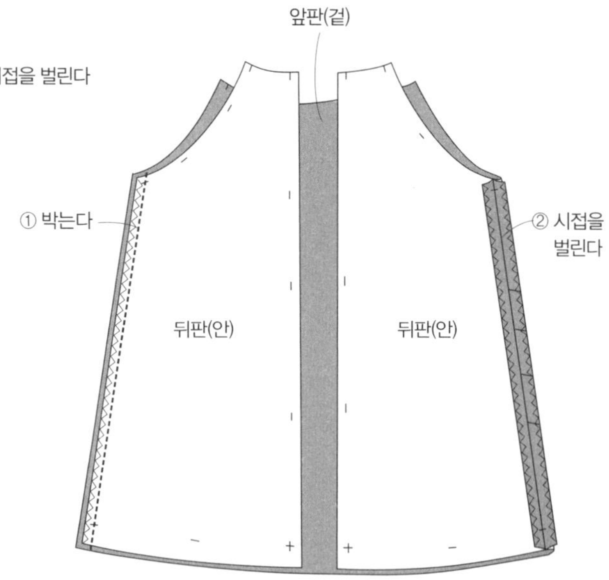

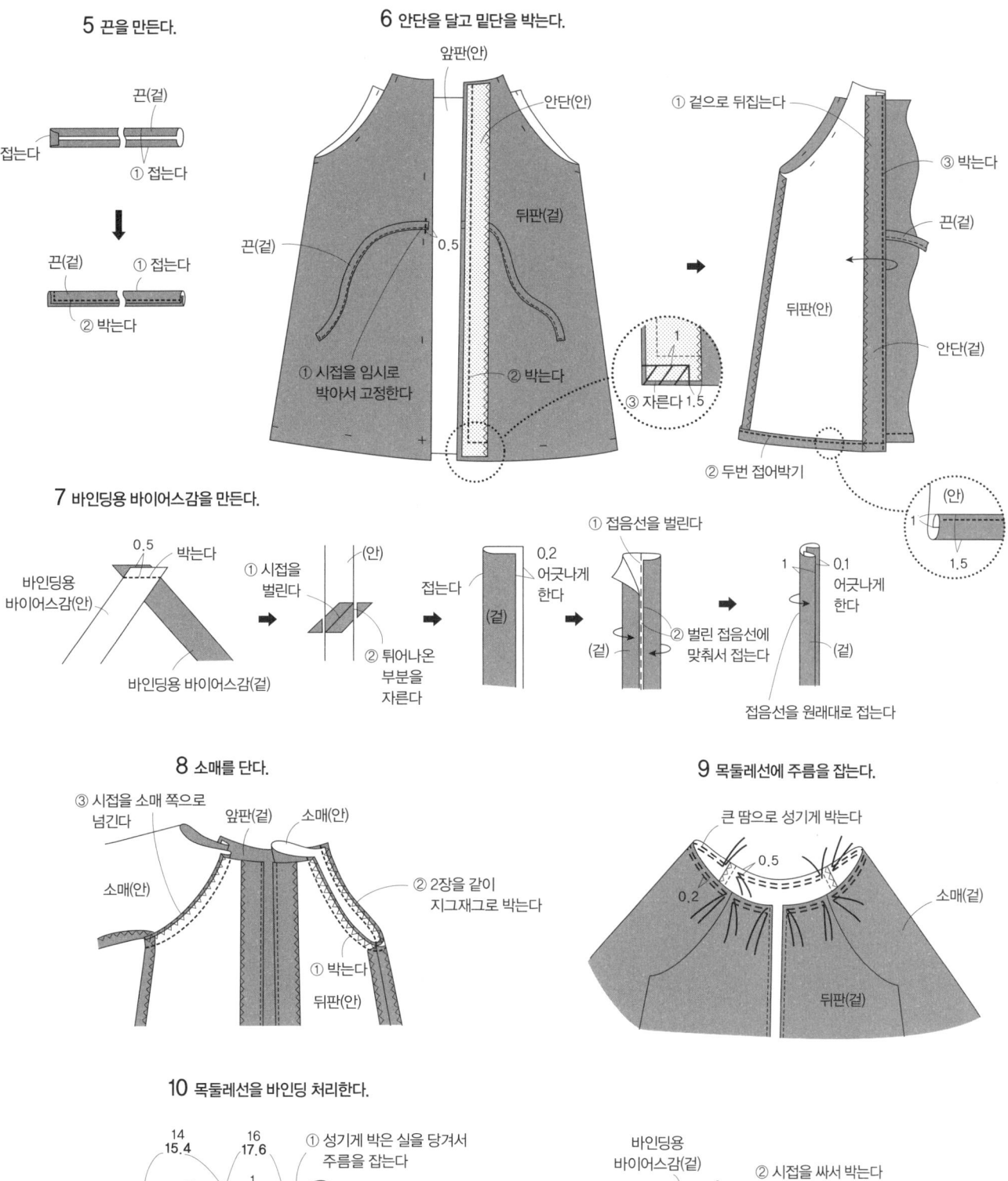

page 24_18

재료		S·M	L·LL
옷감(스탠더드 리넨 프린트)	110cm 폭	2m 90cm	3m
접착심지(니혼바이린 FV-2N)	112cm 폭	80cm	80cm
납작 고무줄	1.5cm 폭	50cm	50cm

완성 치수	S·M	L·LL
전체 길이	70cm	73.7cm

숫자 보는 법
S~M 치수
L~LL 치수
하나만 있는
숫자는 공통

옷본

◆ 실물 크기 옷본은 A면에 있습니다.
• 사용하는 부분: 앞판, 뒤판, 앞쪽 안단, 뒤쪽 안단, 소매, 주머니
※ 끈은 실물 크기 옷본이 없으므로 각자 제도합니다.

= 실물 크기 옷본

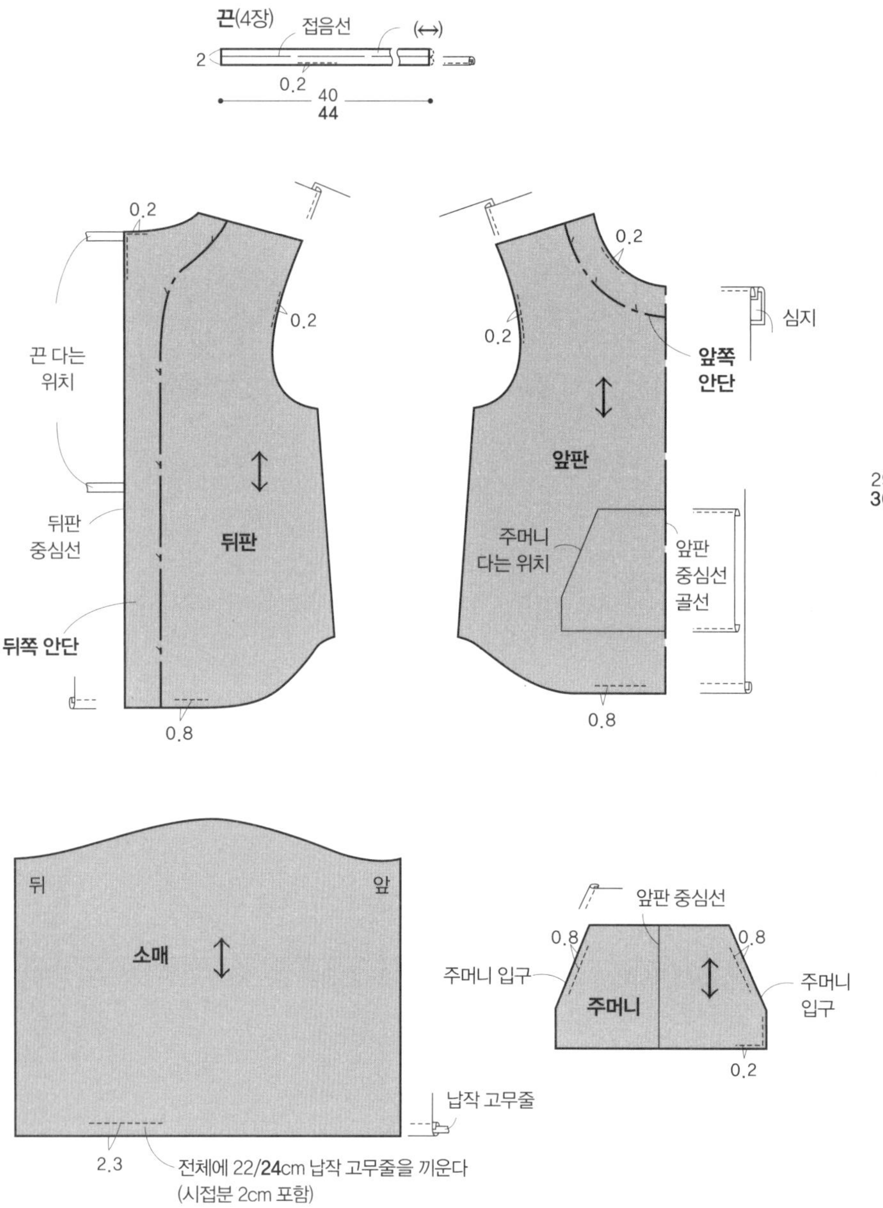

옷감을 마름질하는 법

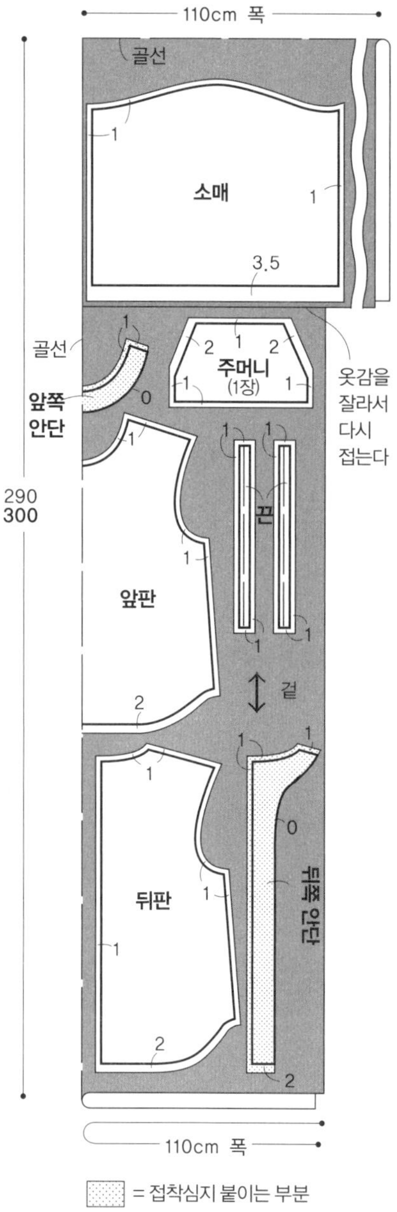

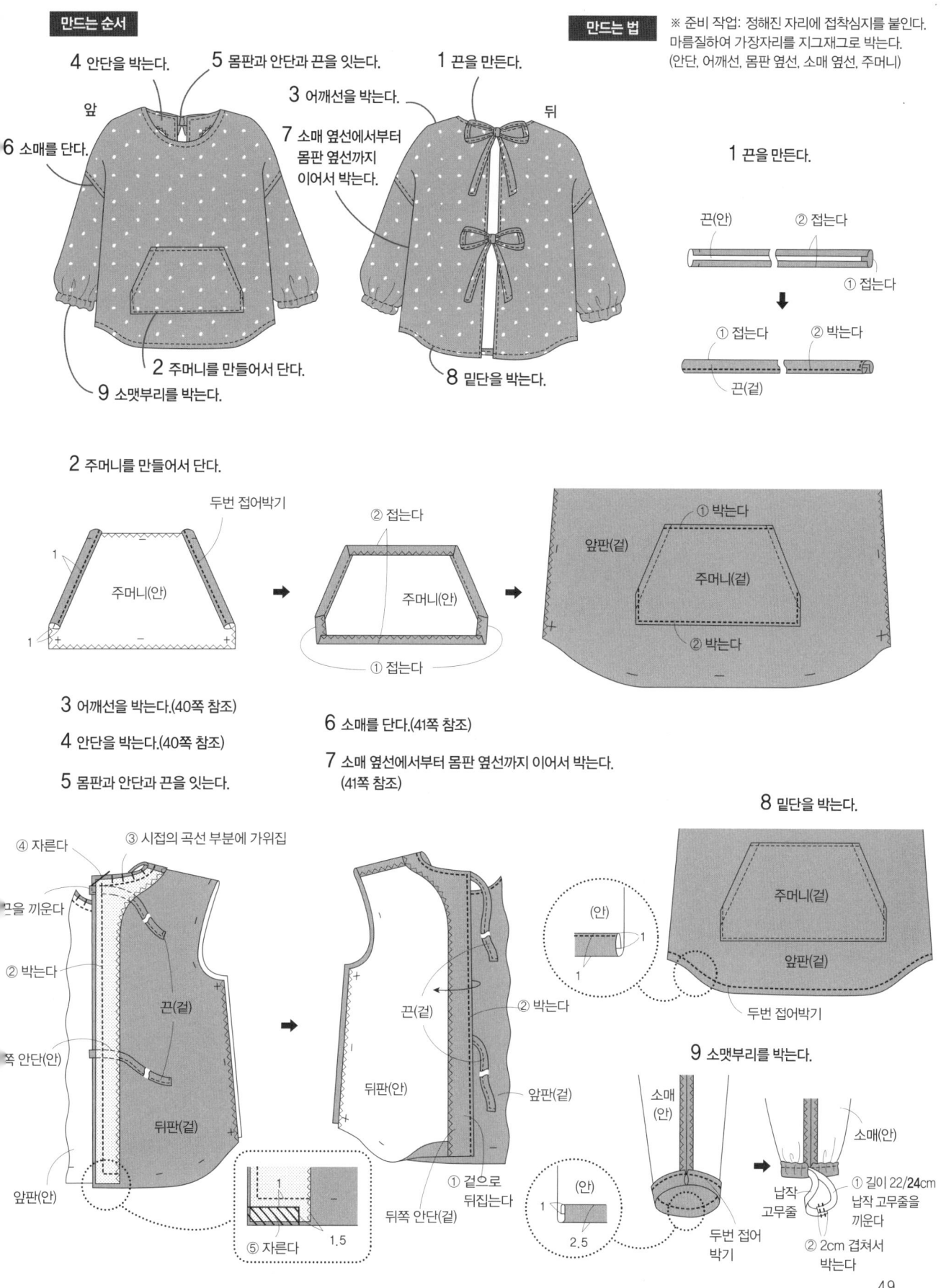

page 18 _ 12   page 19 _ 13

재료		S · M	L · LL
12 옷감(타이프라이터)	110cm 폭	2m 90cm	3m
13 옷감(선염 체크무늬)	114cm 폭	2m 90cm	3m 30cm
접착심지(니혼바이린 FV-2N)	112cm 폭	30cm	30cm
접은 바이어스테이프	1.5cm 폭	1m 30cm	1m 40cm
납작 고무줄	0.8cm 폭	1m 50cm	1m 70cm
단추 지름	1.5cm	1개	1개
완성 치수		S · M	L · LL
전체 길이		103.2cm	108.4cm

숫자 보는 법
S~M 치수
L~LL 치수
하나만 있는
숫자는 공통

옷본
◆ 실물 크기 옷본은 B면에 있습니다.
• 사용하는 부분: 앞판, 뒤판, 앞쪽 안단, 뒤쪽 안단, 주머니
※ 끈, 소매는 실물 크기 옷본이 없으므로 각자 제도합니다.

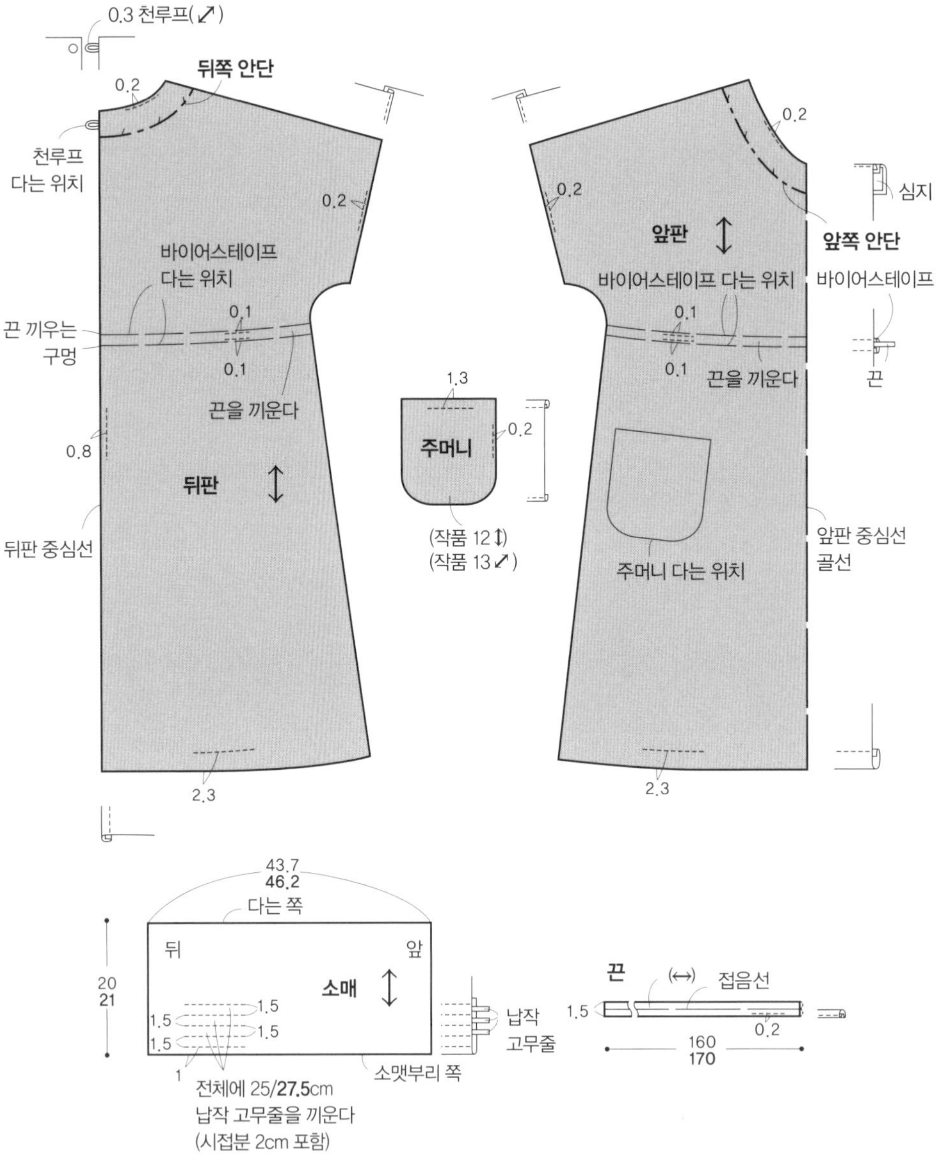

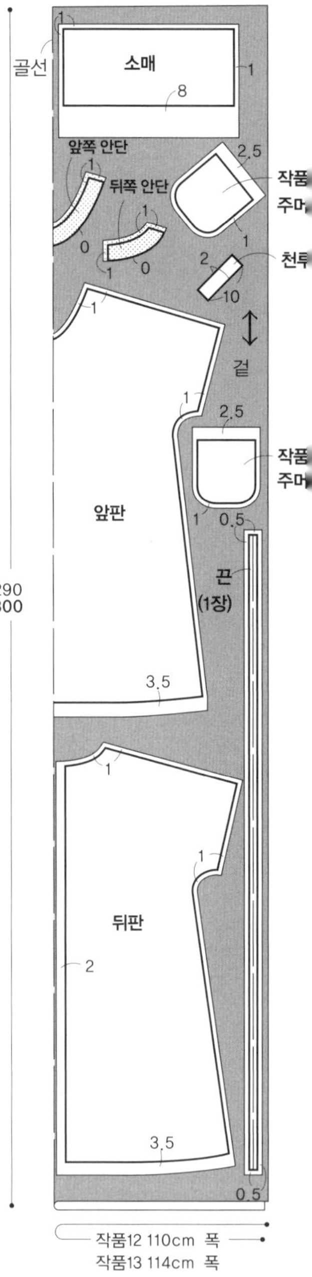

만드는 순서

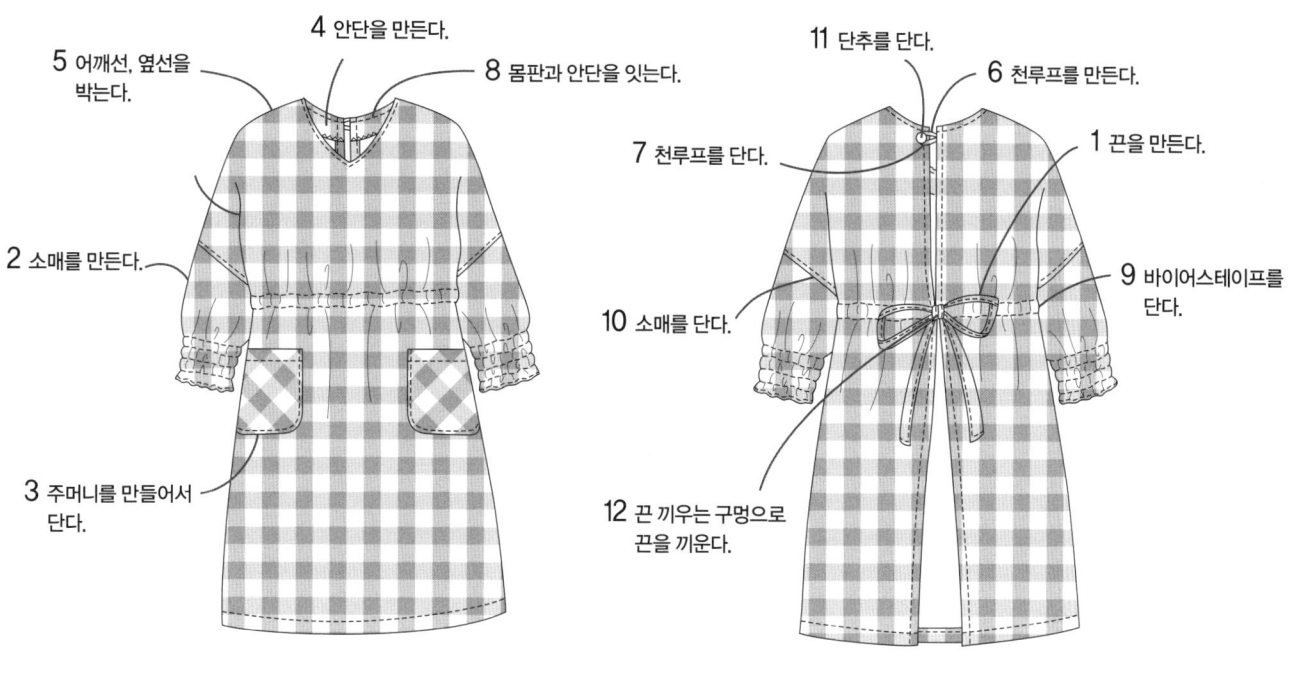

만드는 법   ※ 준비 작업: 정해진 자리에 접착심지를 붙인다.
마름질하여 가장자리를 지그재그로 박는다. (소매 옆선, 소맷부리, 안단, 어깨선, 몸판 옆선)

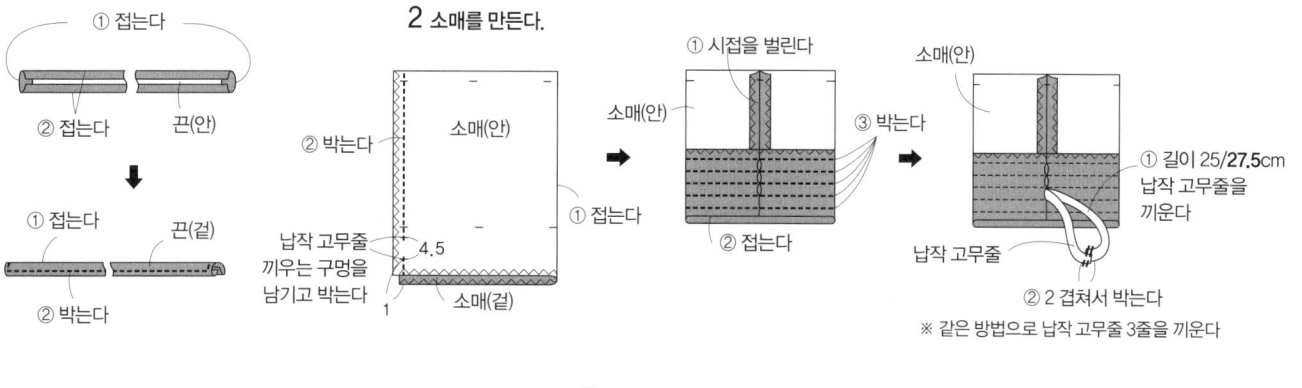

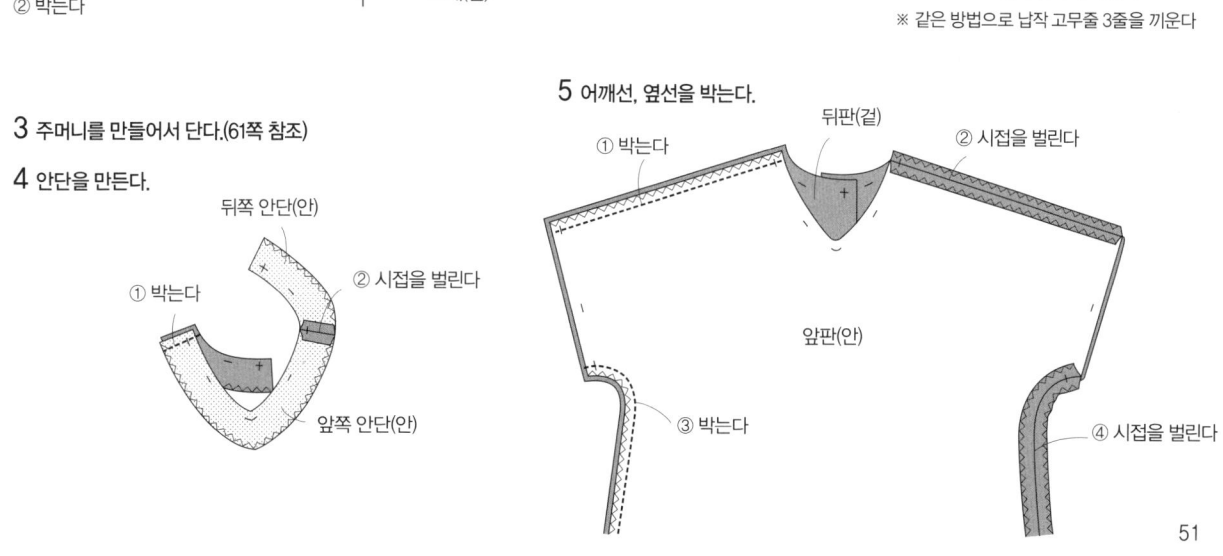

6 천루프를 만든다.
(57쪽 참조)

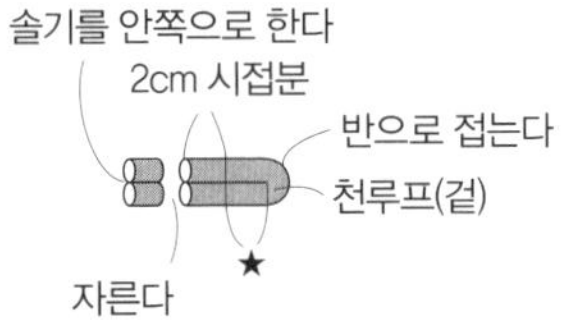
솔기를 안쪽으로 한다
2cm 시접분
반으로 접는다
천루프(겉)
자른다
★

★ = 단추 지름 + 단추 두께

7 천루프를 단다.

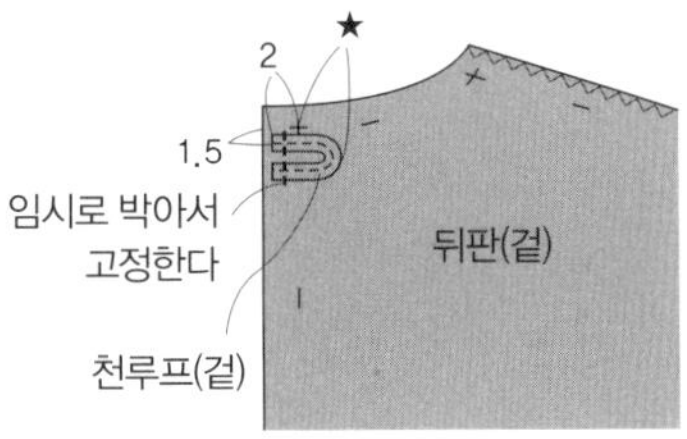
2
★
1.5
임시로 박아서
고정한다
뒤판(겉)
천루프(겉)

8 몸판과 안단을 잇는다.

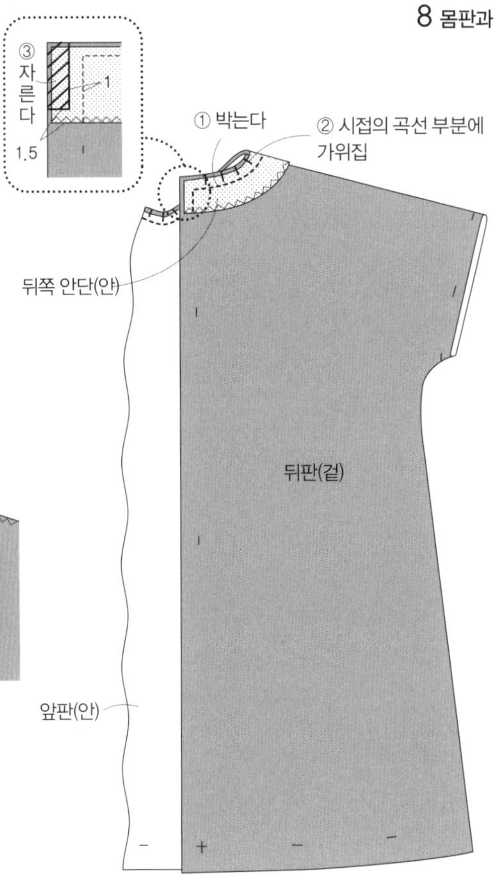
③
자
른
다
1
1.5
① 박는다
② 시접의 곡선 부분에
가위집
뒤쪽 안단(안)
뒤판(겉)
앞판(안)

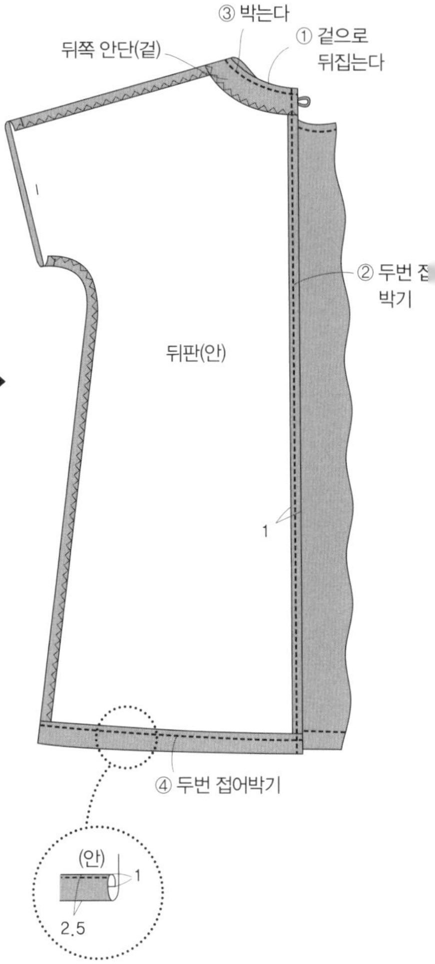
③ 박는다
뒤쪽 안단(겉)
① 겉으로
뒤집는다
② 두번 접
박기
뒤판(안)
1
④ 두번 접어박기
(안)
1
2.5

9 바이어스테이프를 단다.

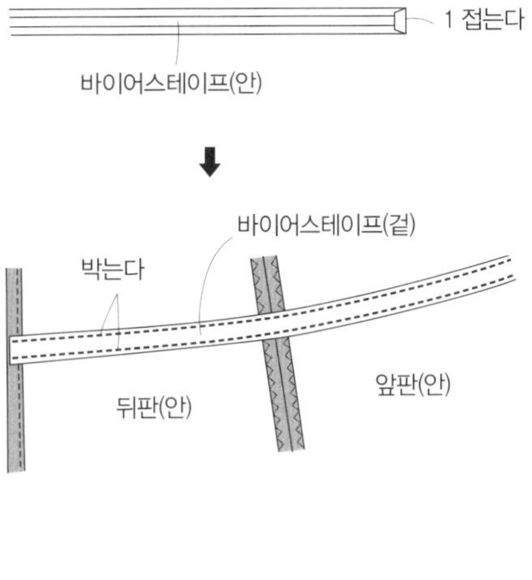
1 접는다
바이어스테이프(안)
바이어스테이프(겉)
박는다
뒤판(안)
앞판(안)

10 소매를 단다.

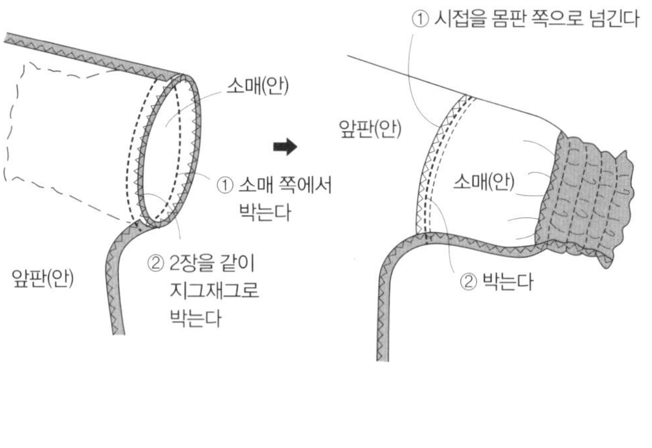
소매(안)
① 소매 쪽에서
박는다
② 2장을 같이
지그재그로
박는다
앞판(안)
① 시접을 몸판 쪽으로 넘긴다
앞판(안)
소매(안)
② 박는다

page 15 _ 9

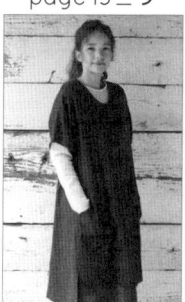

재료		S · M	L · LL
옷감(리넨)	112cm 폭	2m 60cm	2m 70cm
접착심지(니혼바이린 FV-2N)	112cm 폭	30cm	30cm

완성 치수	S · M	L · LL
전체 길이	103.2cm	108.4cm

숫자 보는 법
S~M 치수
L~LL 치수
하나만 있는 숫자는 공통

옷본

- ◆ 실물 크기 옷본은 B면에 있습니다.
- 사용하는 부분: 앞판, 뒤판, 앞쪽 안단, 뒤쪽 안단, 덧댐천, 주머니

※ 끈은 실물 크기 옷본이 없으므로 각자 제도합니다.

옷감을 마름질하는 법

만드는 순서

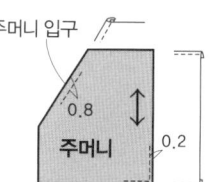

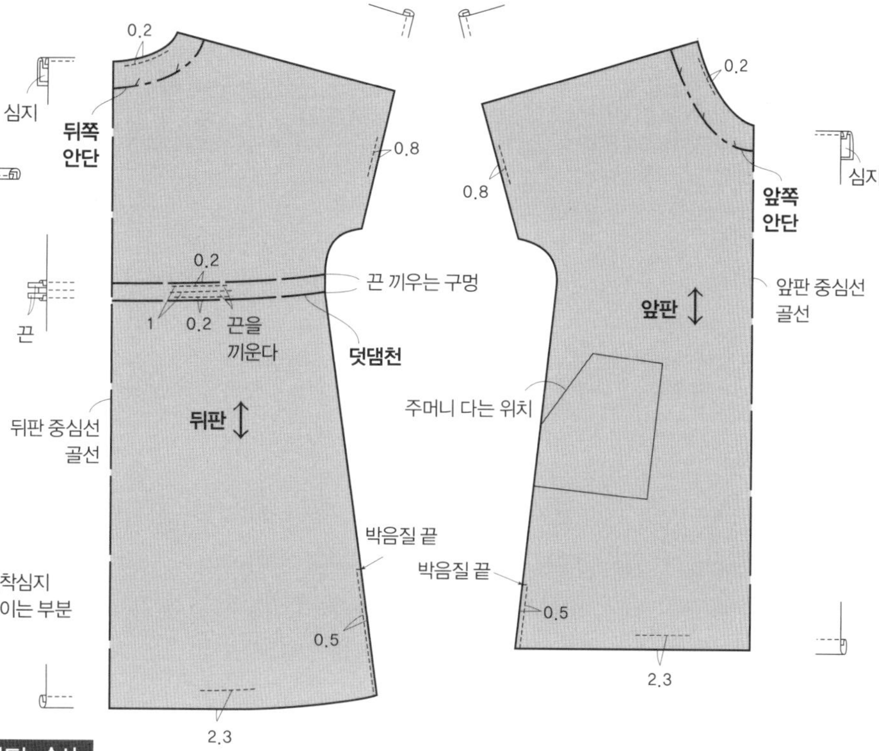

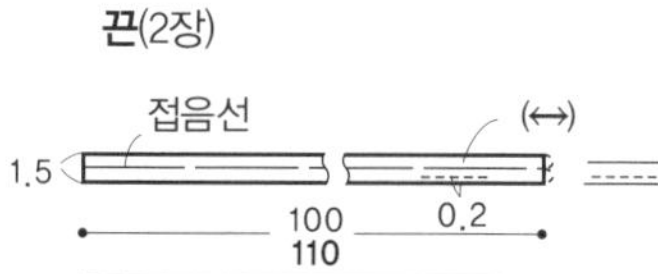

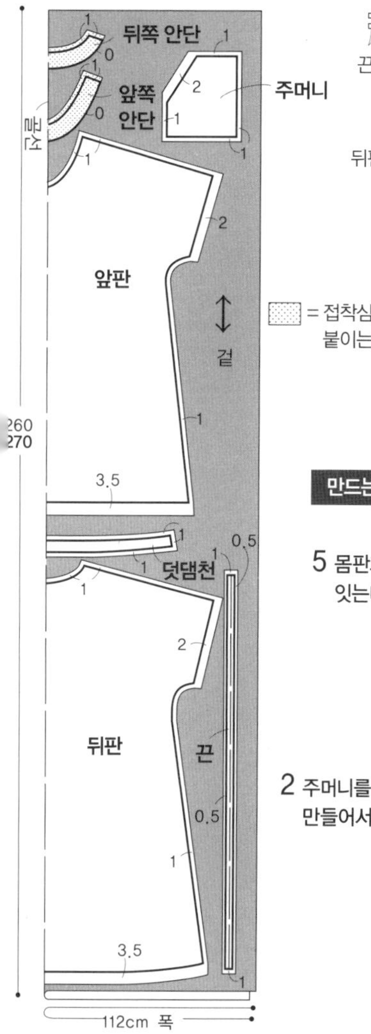

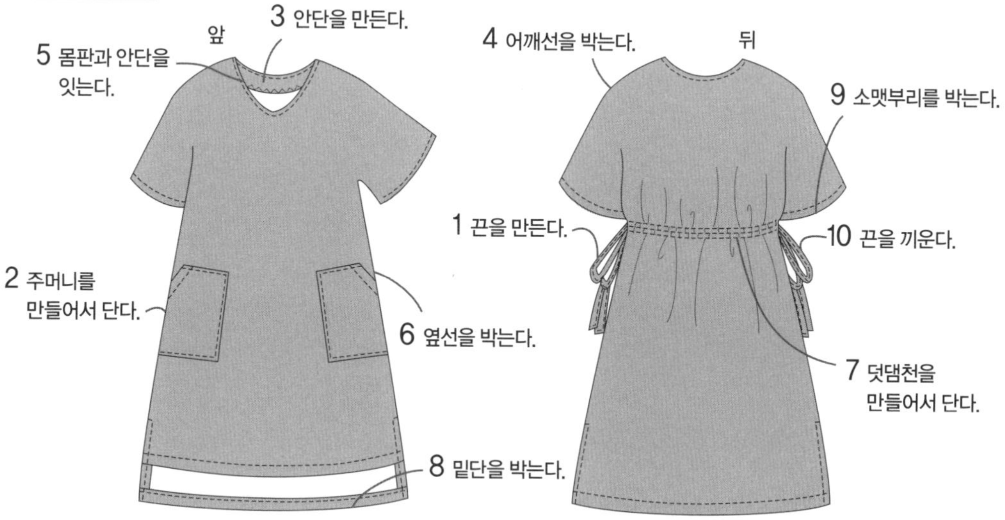

만드는 법 ※ 준비 작업: 정해진 자리에 접착심지를 붙인다.
마름질하여 가장자리를 지그재그로 박는다. (주머니, 안단, 어깨선, 뒤판 옆선, 덧댐천 옆선)

1 끈을 만든다.

2 주머니를 만들어서 단다.

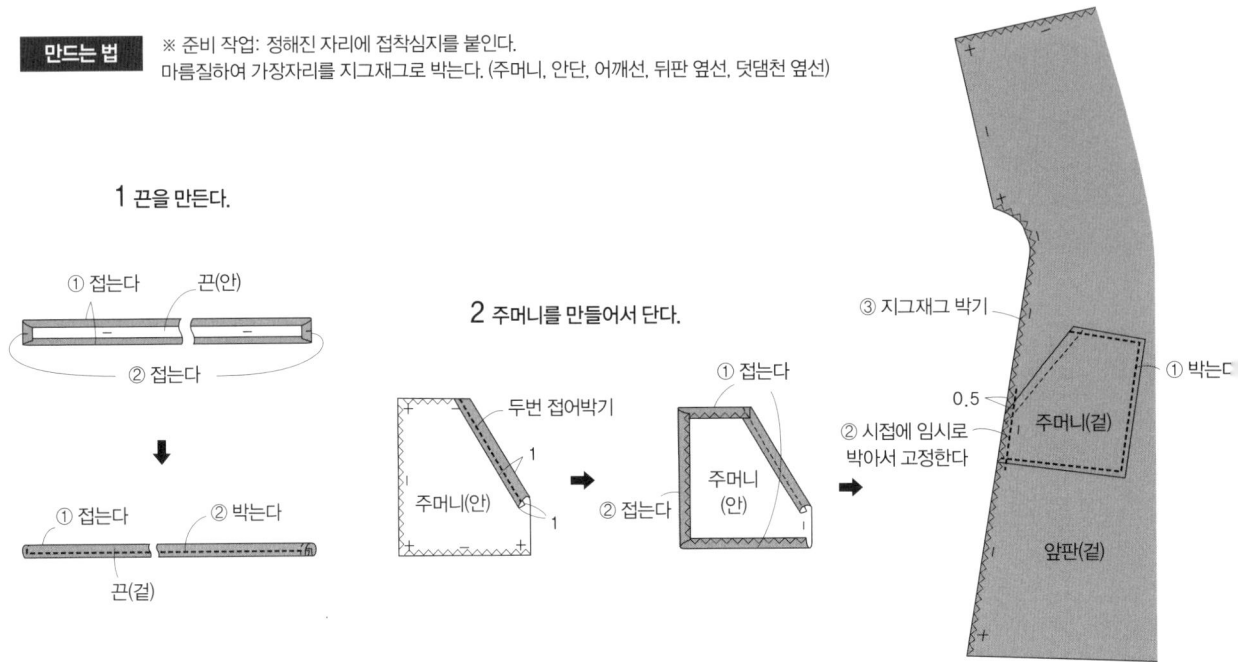

3 안단을 만든다.

4 어깨선을 박는다.

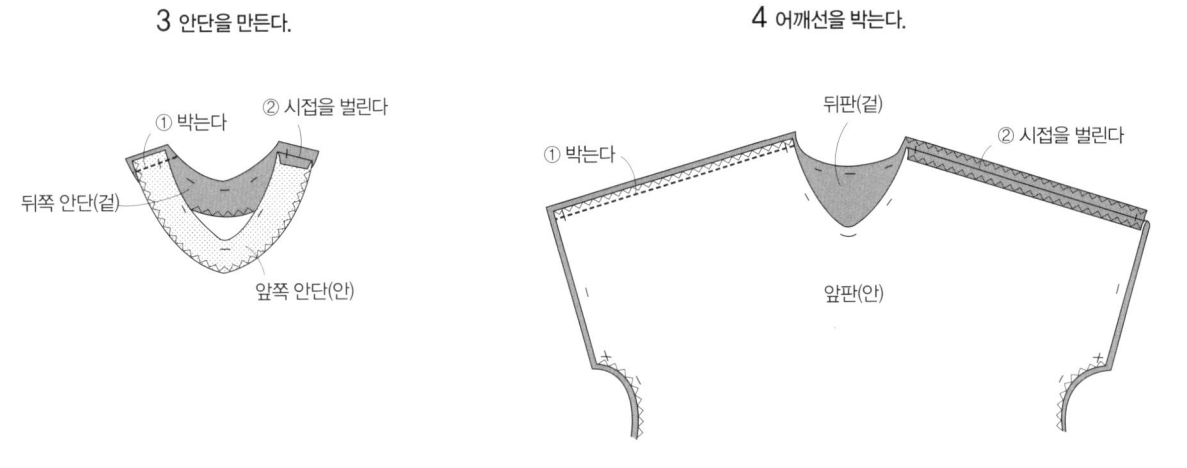

5 몸판과 안단을 잇는다.

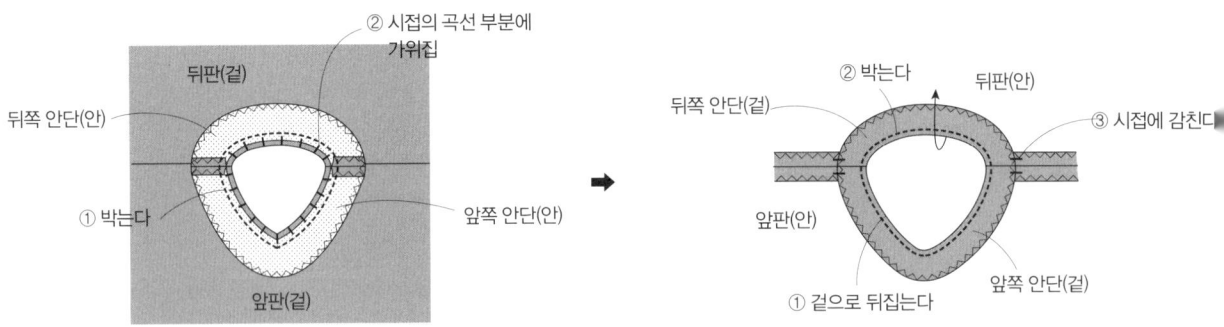

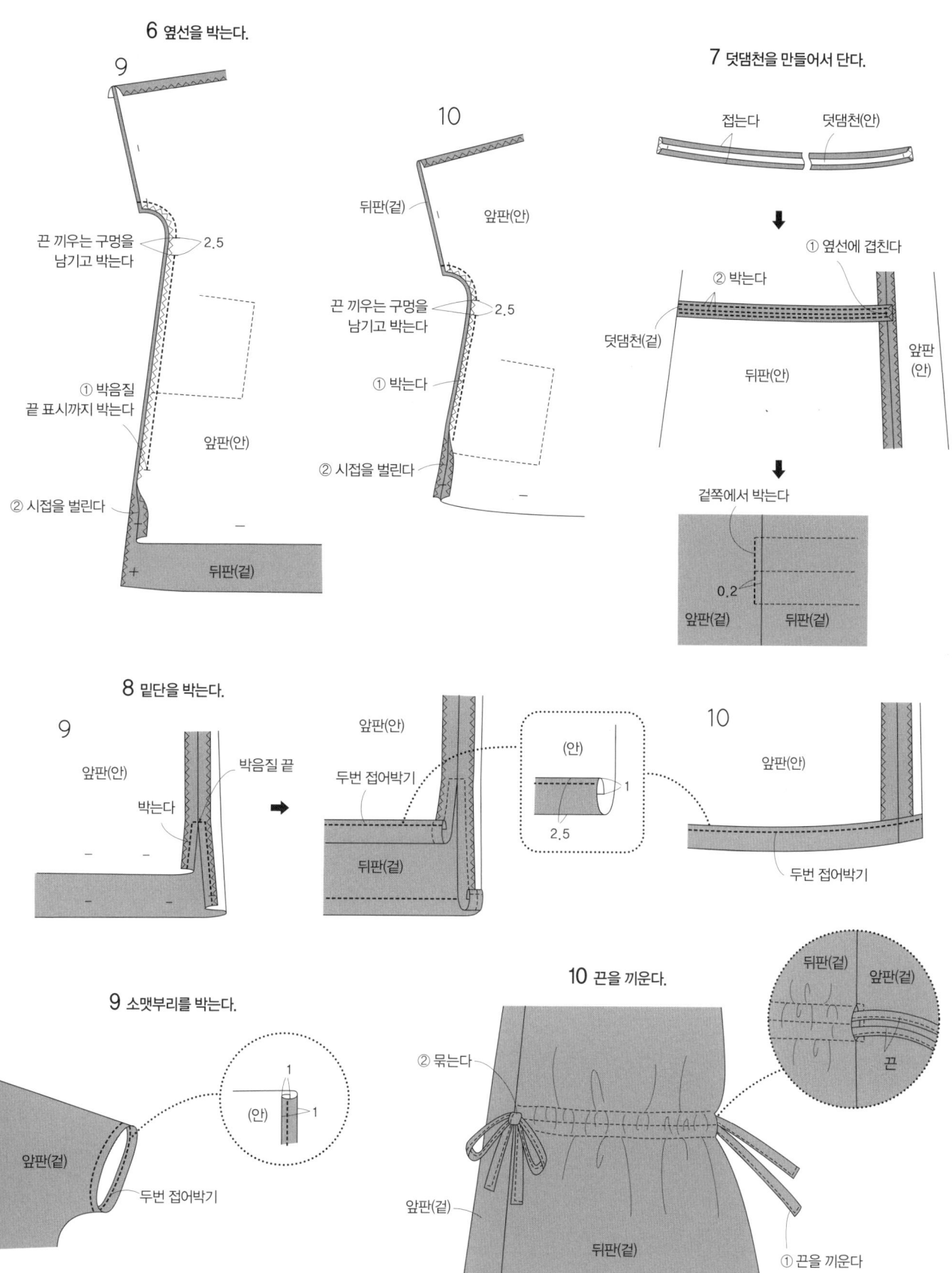

page 17 _ 10

재료		S・M	L・LL
옷감(선염 줄무늬)	110cm 폭	2m 20cm	2m 20cm
접착심지(니혼바이린 FV-2N)	112cm 폭	30cm	30cm
완성 치수		S・M	L・LL
전체 길이		79.9cm	81.4cm

◆ 옷본
실물 크기 옷본은 B면 9를 변형하여 사용합니다.
• 사용하는 부분: 앞판, 뒤판, 앞쪽 안단, 뒤쪽 안단, 덧댐천, 주머니
※ 끈은 실물 크기 옷본이 없으므로 각자 제도합니다.

◆ 옷본 수정하는 법
• 전체 길이를 짧게 한다.

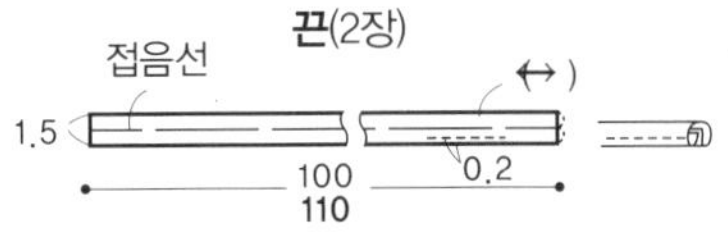

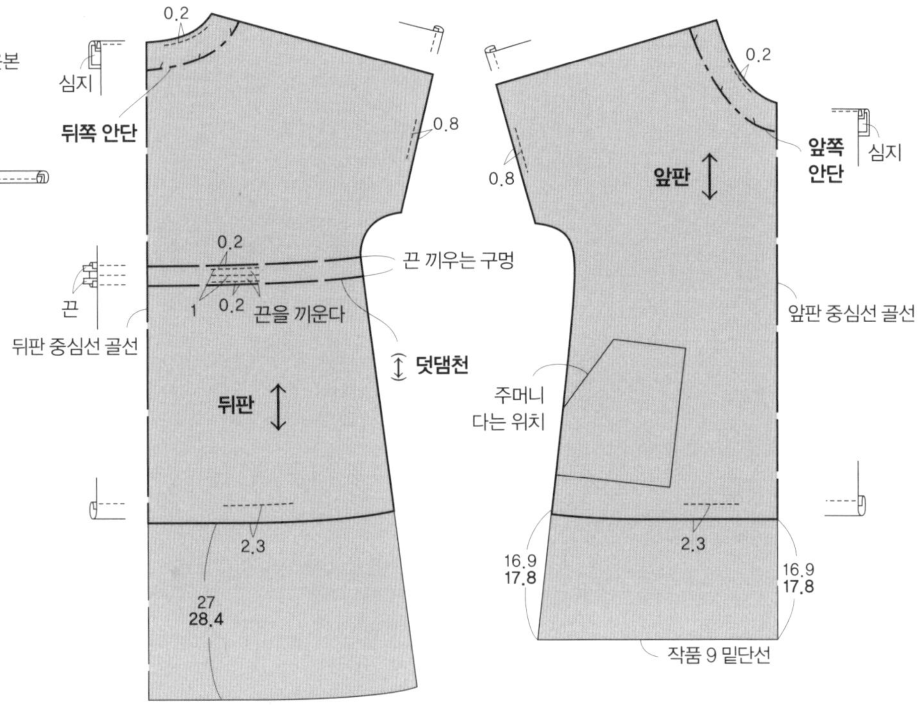

숫자 보는 법
S~M 치수
L~LL 치수
하나만 있는
숫자는 공통

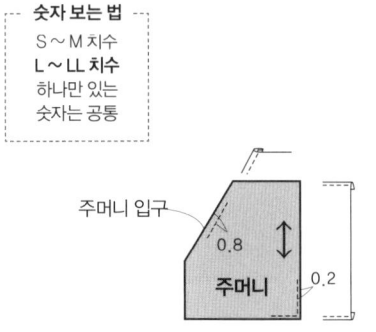

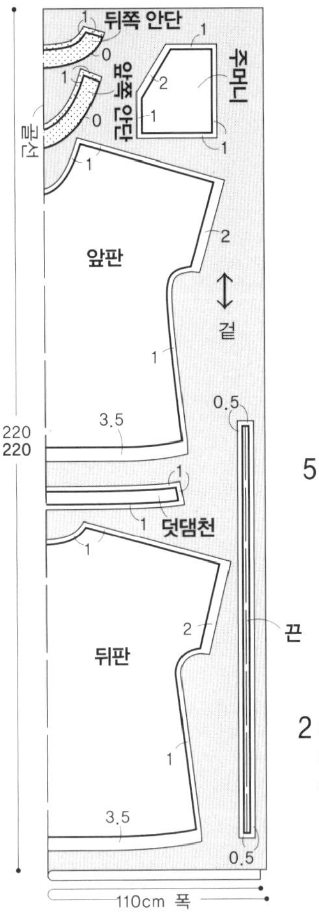

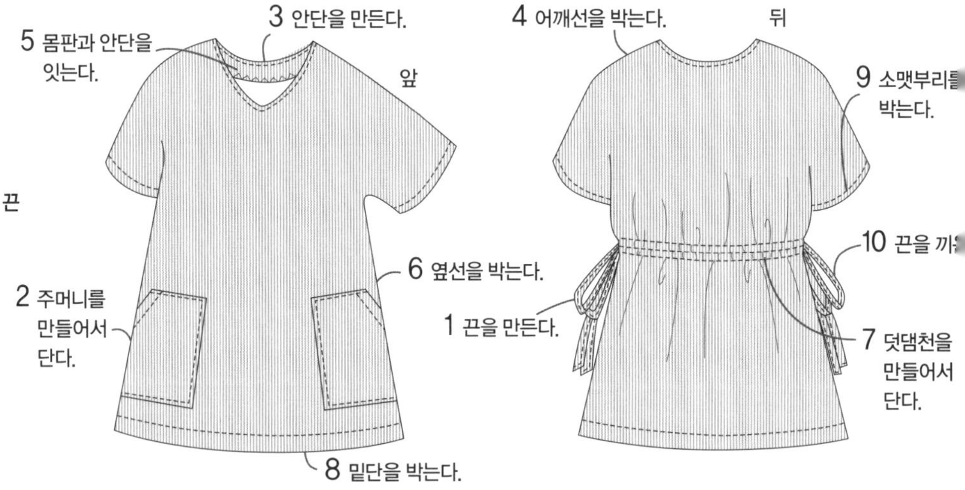

page30 _ 23

재료(1벌분)		S·M	L·LL
옷감(더블거즈)	110cm 폭	3m 30cm	3m 50cm
접착심지(니혼바이린 FV-2N)	112cm 폭	1m 10cm	1m 20cm
납작 고무줄	1cm 폭	50cm	50cm
싸개단추	지름 1.5cm	1쌍	1쌍

완성 치수	S·M	L·LL
전체 길이	101cm	106.2cm

옷본

◆ 실물 크기 옷본은 A면에 있습니다.
· 사용하는 부분: 앞판, 뒤판, 앞쪽 안단, 뒤쪽 안단, 주머니, 소매
※ 바인딩감, 끈은 실물 크기 옷본이 없으므로 각자 제도합니다.

숫자 보는 법
S~M 치수
L~LL 치수
하나만 있는
숫자는 공통

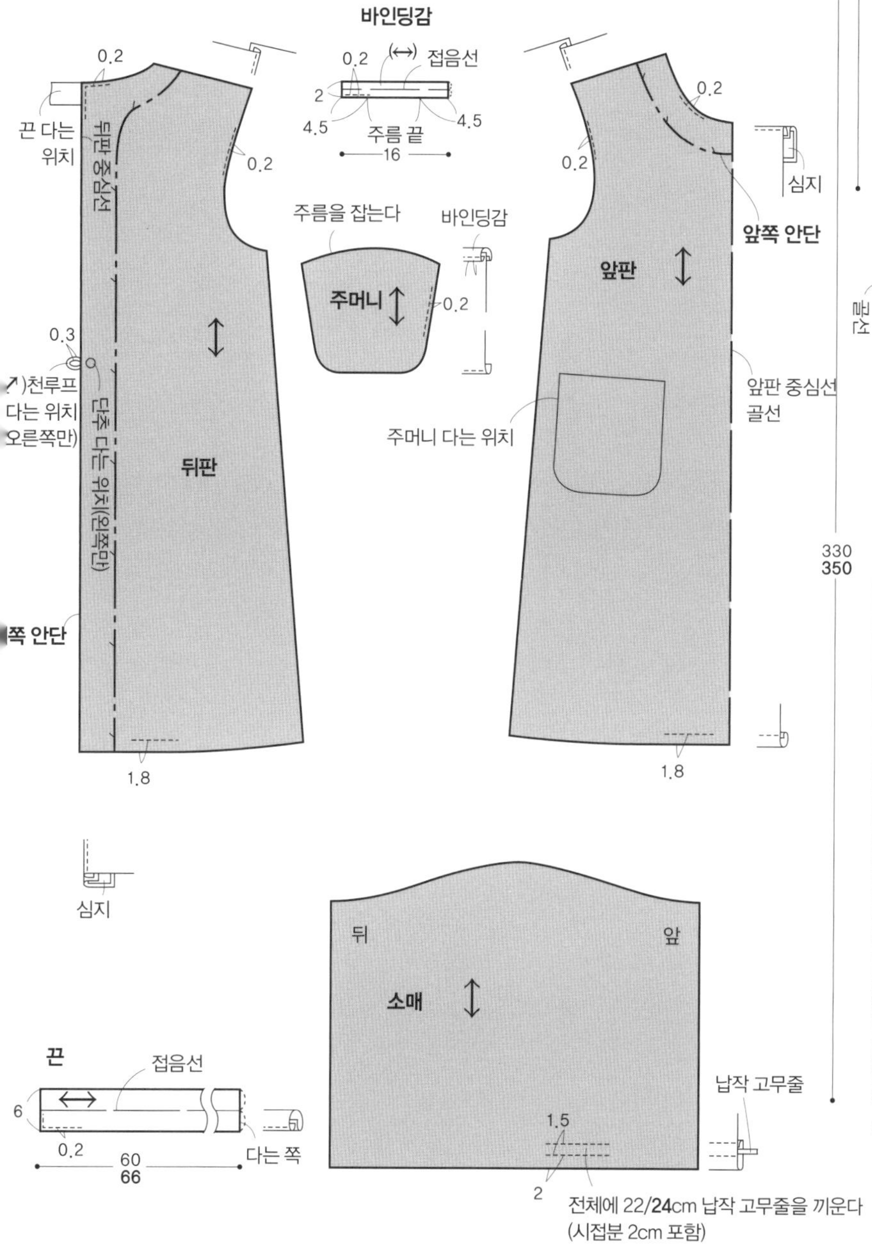

옷감을 마름질하는 법

= 접착심지 붙이는 부분
= 실물 크기 옷본

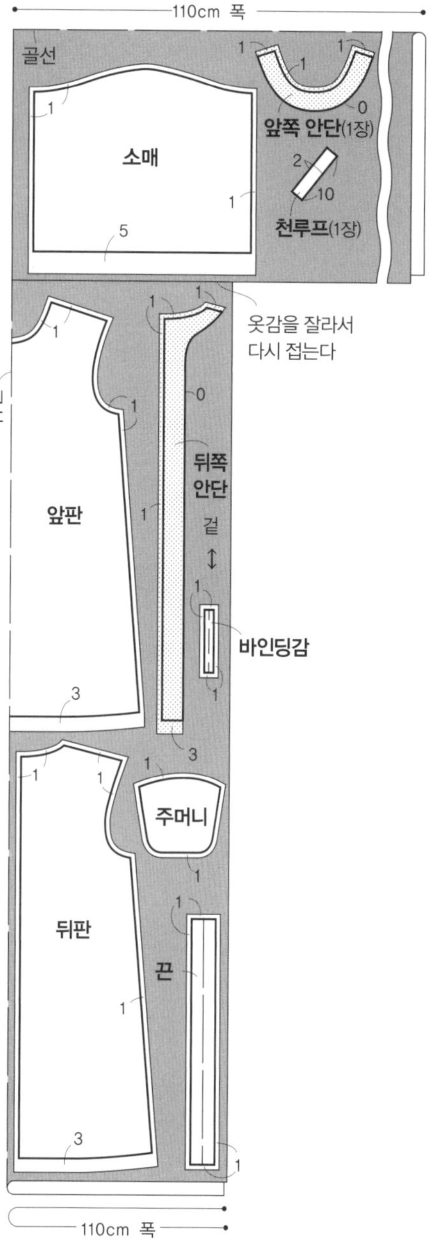

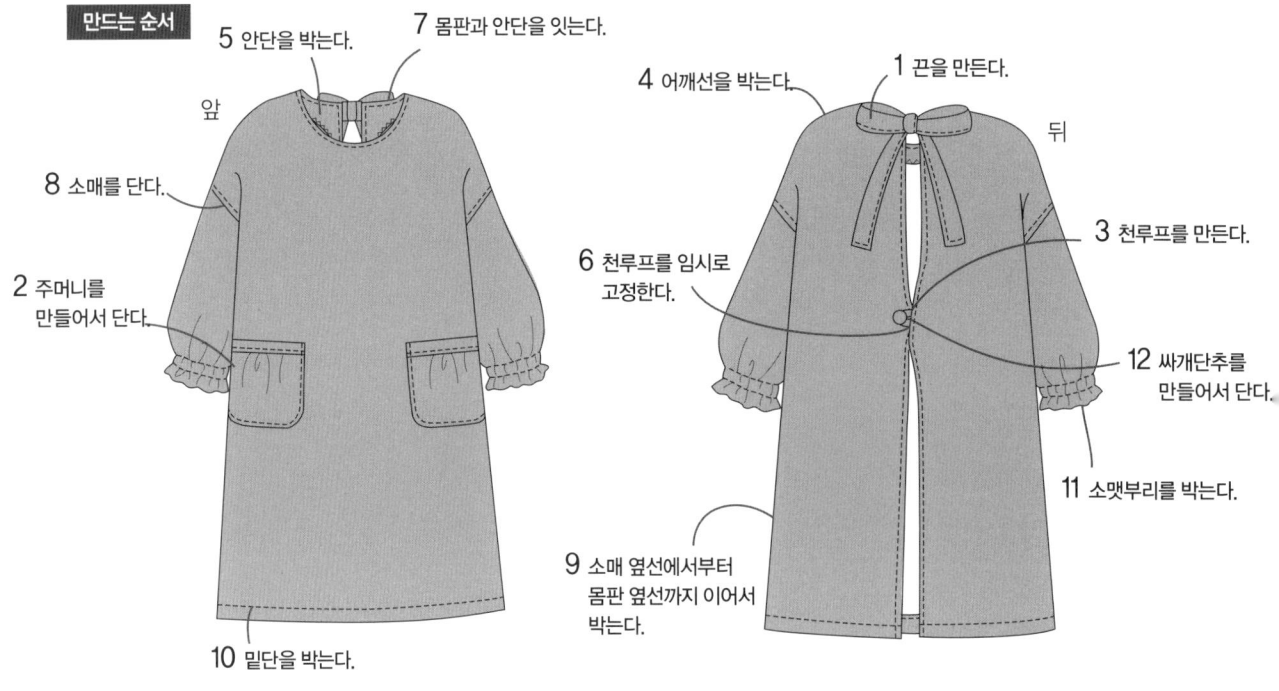

4 어깨선을 박는다.(40쪽 참조)

5 안단을 박는다.(40쪽 참조)

6 천루프를 임시로 고정한다.

7 몸판과 안단을 잇는다.

8 소매를 단다.(41쪽 참조)

9 소매 옆선에서부터 몸판 옆선까지 이어서 박는다.

10 밑단을 박는다.

11 소맷부리를 박는다.

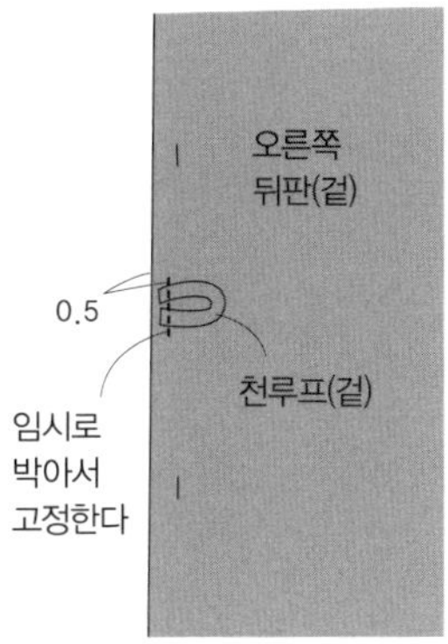

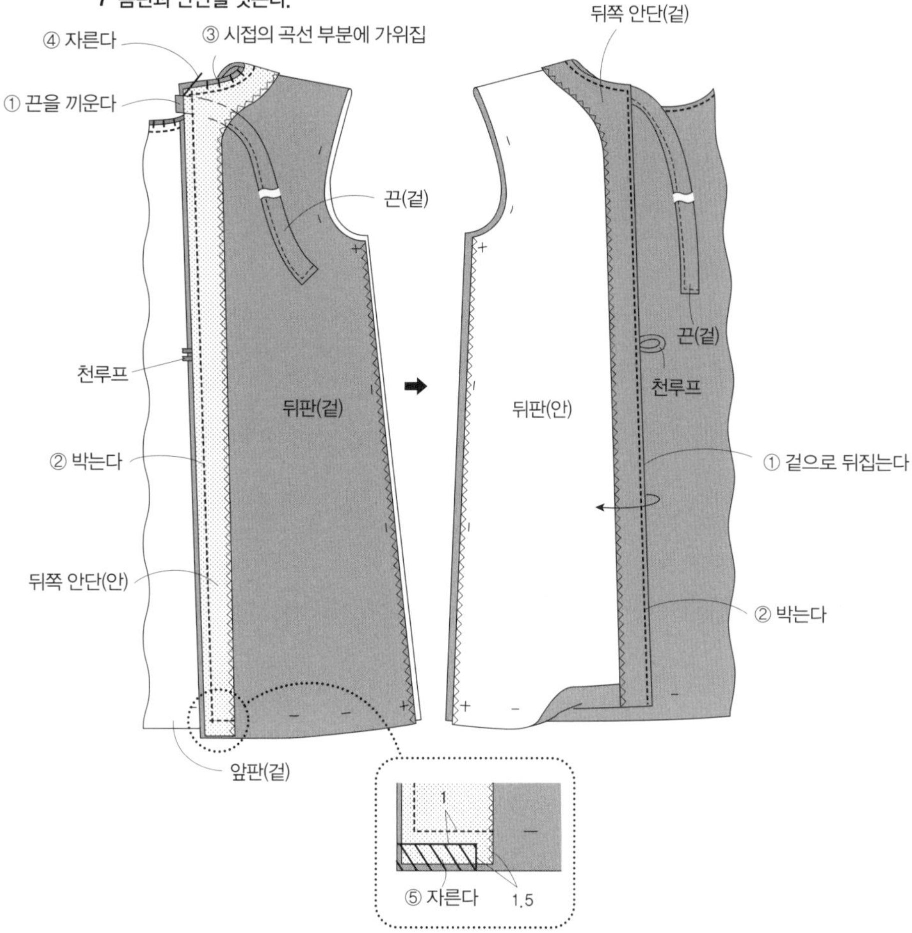

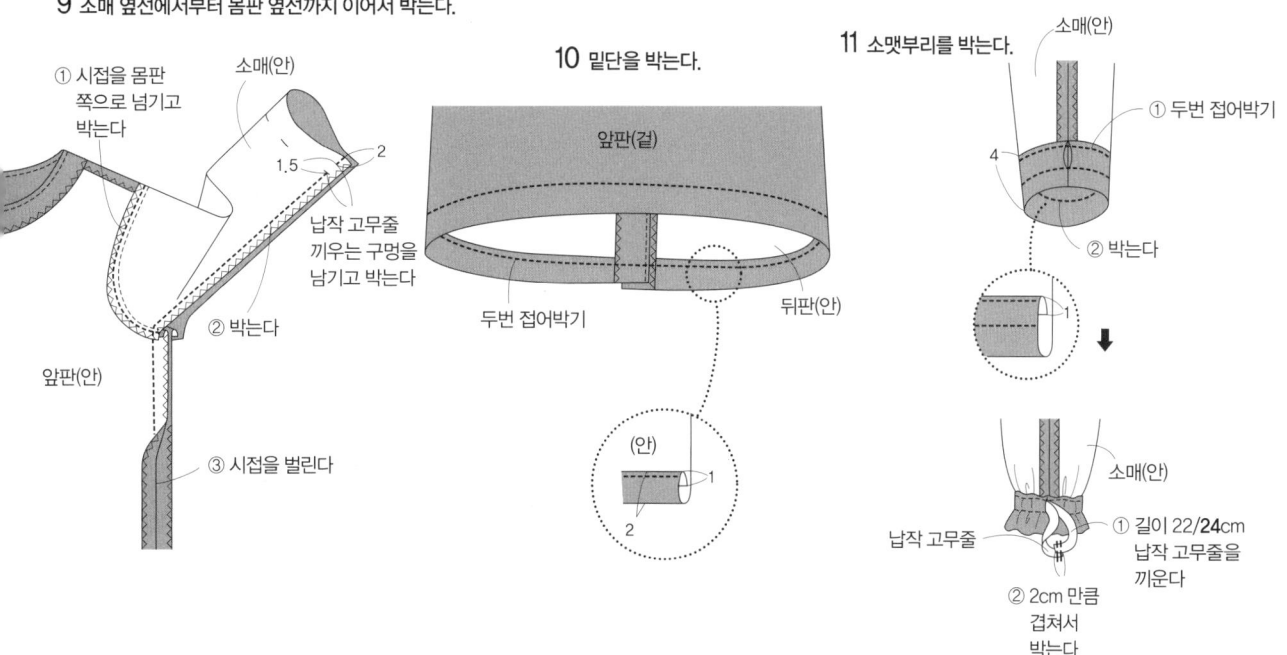

재료(1벌분)		S · M	L · LL
21 옷감(타이프라이터)	110cm 폭	2m 10cm	2m 20cm
22 옷감(펜슬라인 스트라이프)	120cm 폭	2m 10cm	2m 20cm
접착심지(니혼바이린 FV-2N)	112cm 폭	80cm	80cm
납작 고무줄	2cm 폭	50cm	50cm
단추	지름 1.2cm	10개	10개
안단추	지름 1.2cm	1개	1개
완성 치수		S · M	L · LL
전체 길이		64cm	67.3cm

숫자 보는 법
S~M 치수
L~LL 치수
하나만 있는
숫자는 공통

옷본
◆ 실물 크기 옷본은 B면에 있습니다.
• 사용하는 부분: 앞판, 뒤판, 앞쪽 안단, 뒤쪽 안단, 소매, 주머니

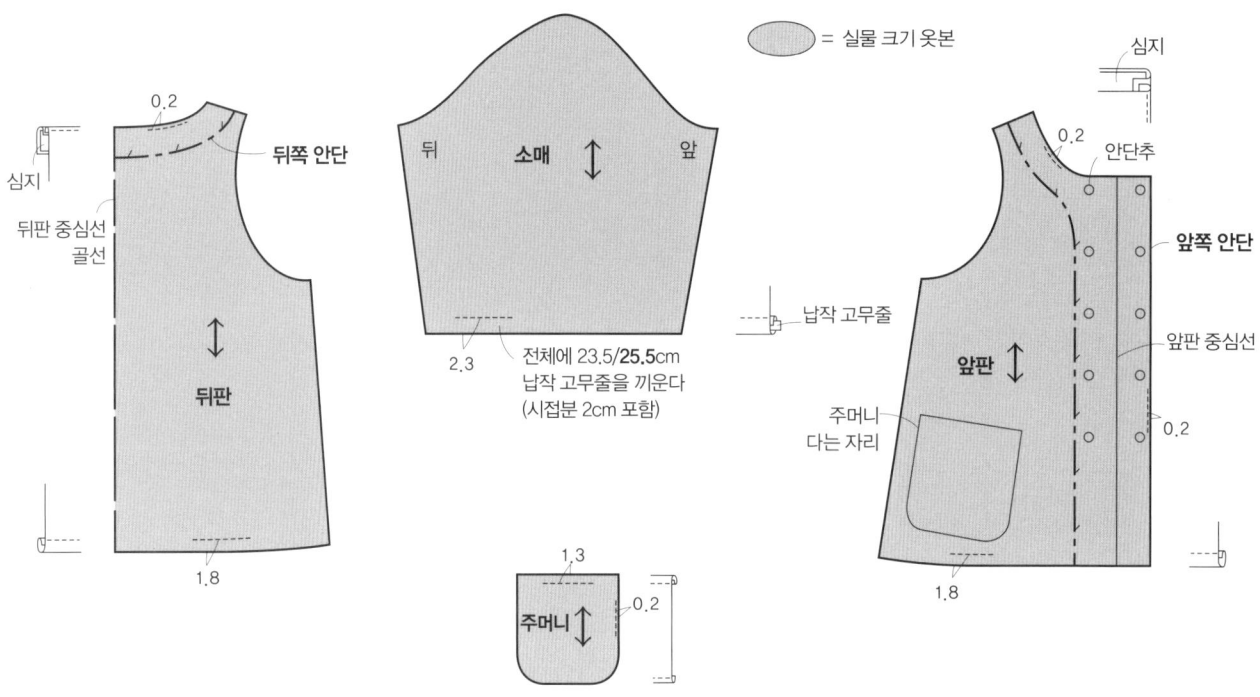

옷감을 마름질하는 법

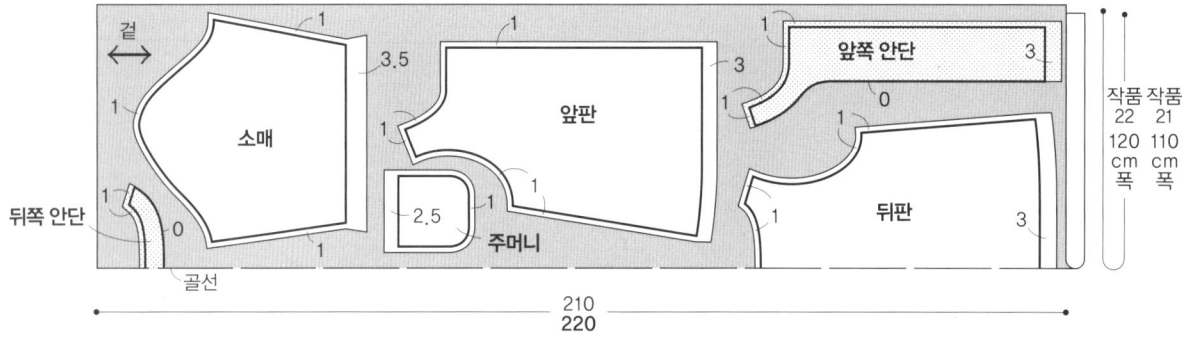

만드는 순서

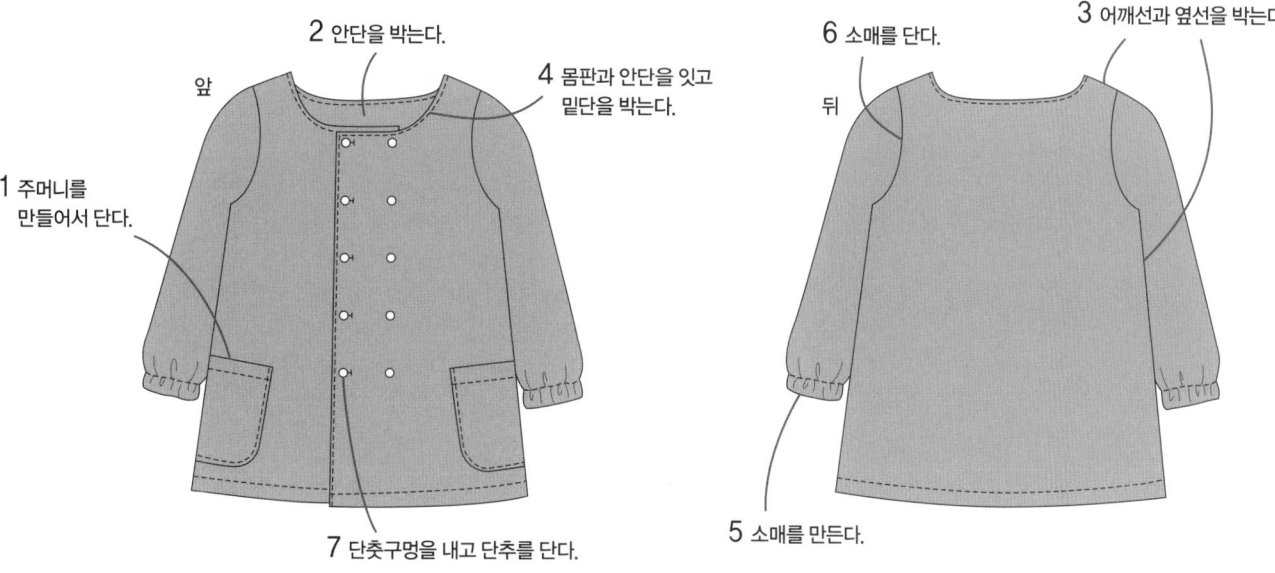

만드는 법 ※ 준비 작업: 정해진 자리에 접착심지를 붙인다.
　　　　　　마름질하여 가장자리를 지그재그로 박는다. (주머니, 어깨선, 몸판 옆선, 안단, 소매 옆선)

1 주머니를 만들어서 단다.

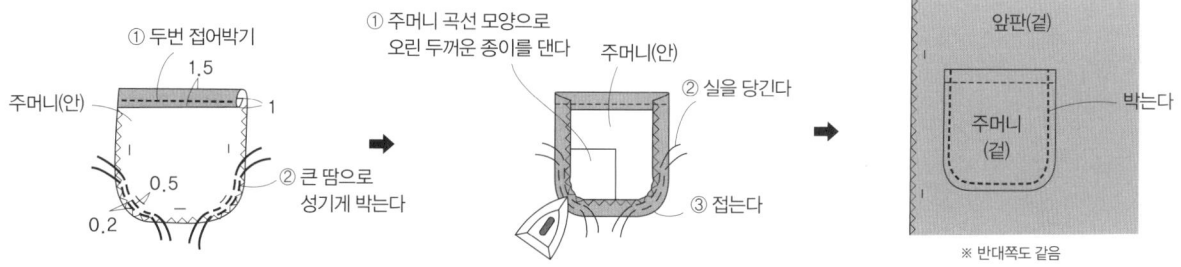

2 안단을 박는다.

3 어깨선과 옆선을 박는다.

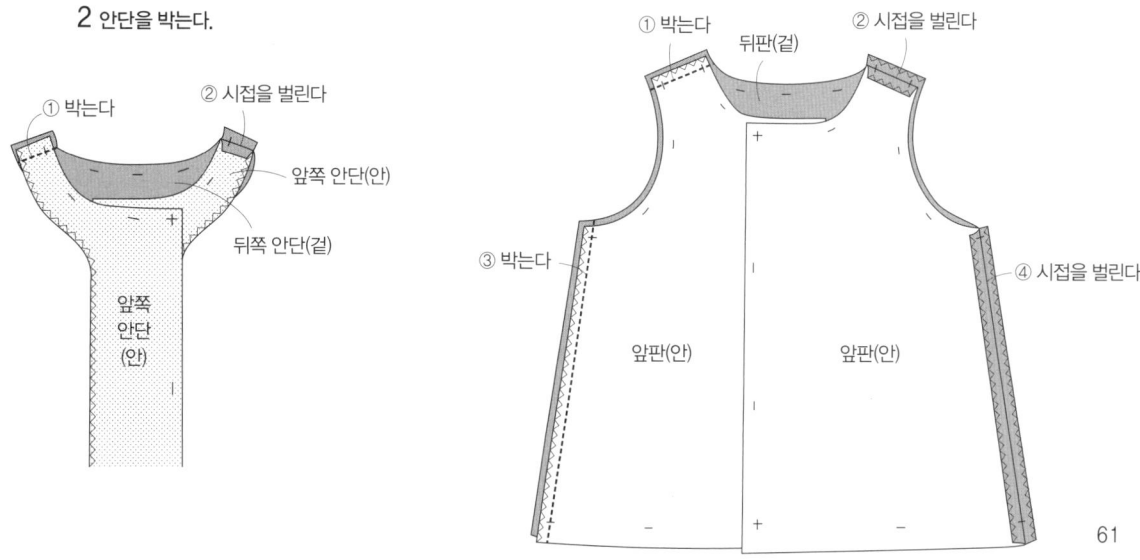

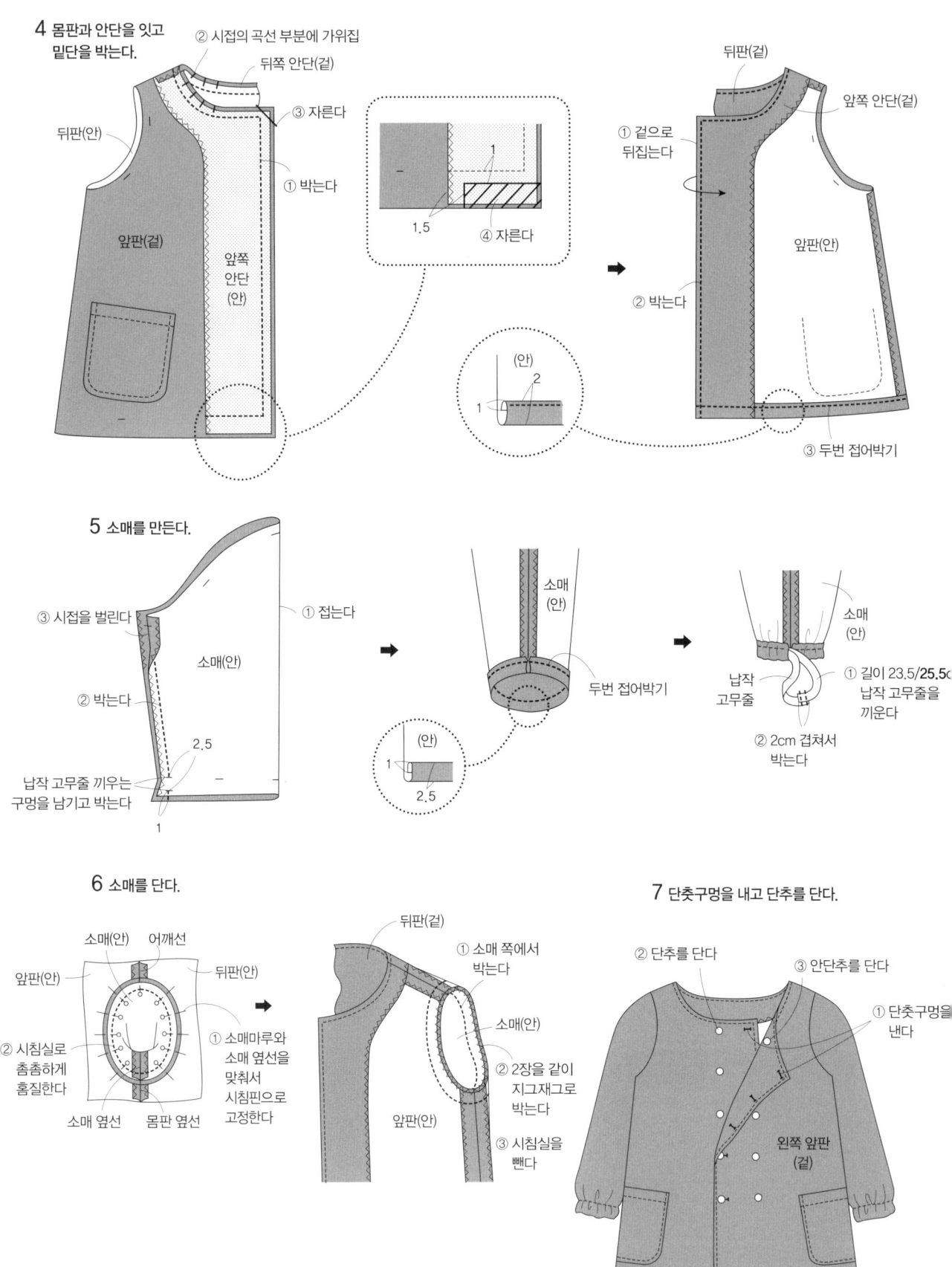

page 22_16

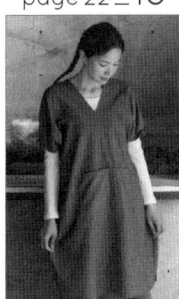

재료		S · M	L · LL
옷감(데님 크리에이트)	110cm 폭	2m 30cm	2m 40cm
납작 고무줄	0.8cm 폭	20cm	20cm

완성 치수	S · M	L · LL
전체 길이	94cm	99cm

제도

◆ 실물 크기 옷본이 없으므로 각자 제도합니다.

※ 종이에 제도하거나 옷감 뒷면에 직접 그려서 마름질합니다.

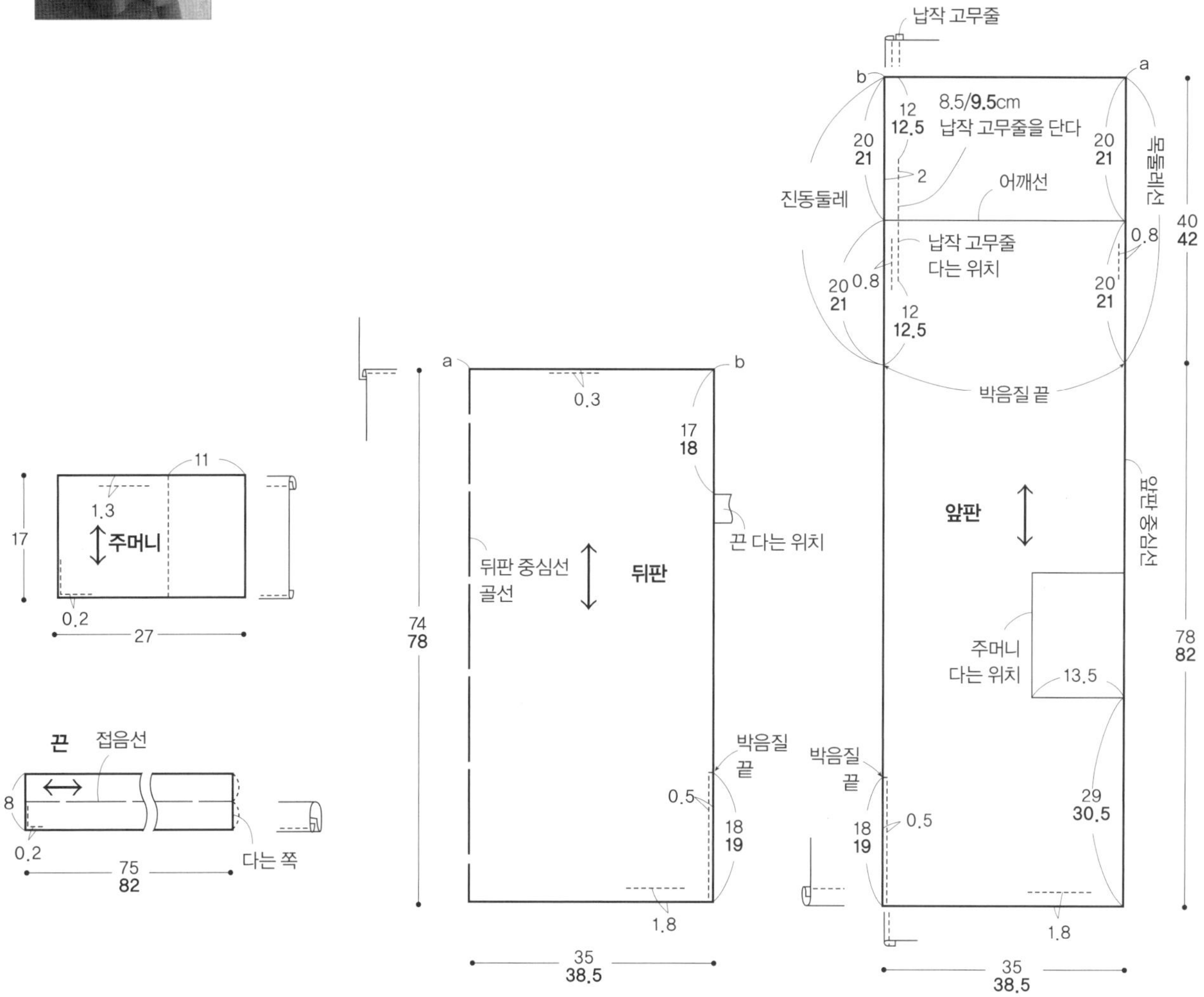

숫자 보는 법
S~M 치수
L~LL 치수
하나만 있는
숫자는 공통

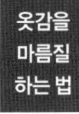

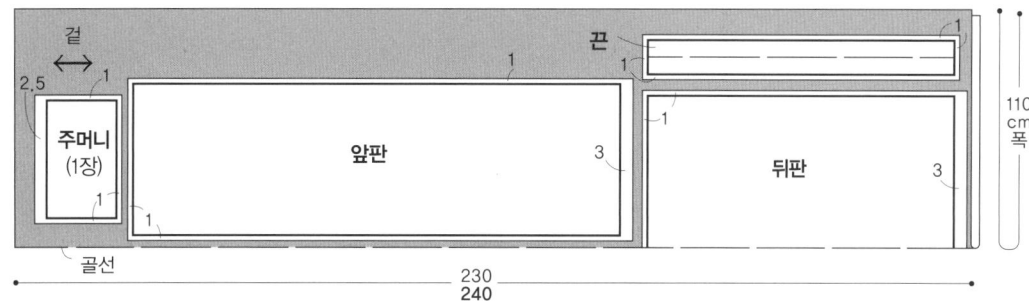

만드는 순서

만드는 법

※ 준비 작업: 마름질하여 가장자리를 지그재그로 박는다. (주머니, 앞판 중심선, 뒤판 중심선, 옆선)

1 끈을 만든다.

2 주머니를 만든다.

3 앞판 중심선을 박는다.

4 목둘레선을 박고 납작 고무줄을 단다.

5 앞판과 뒤판을 잇는다.

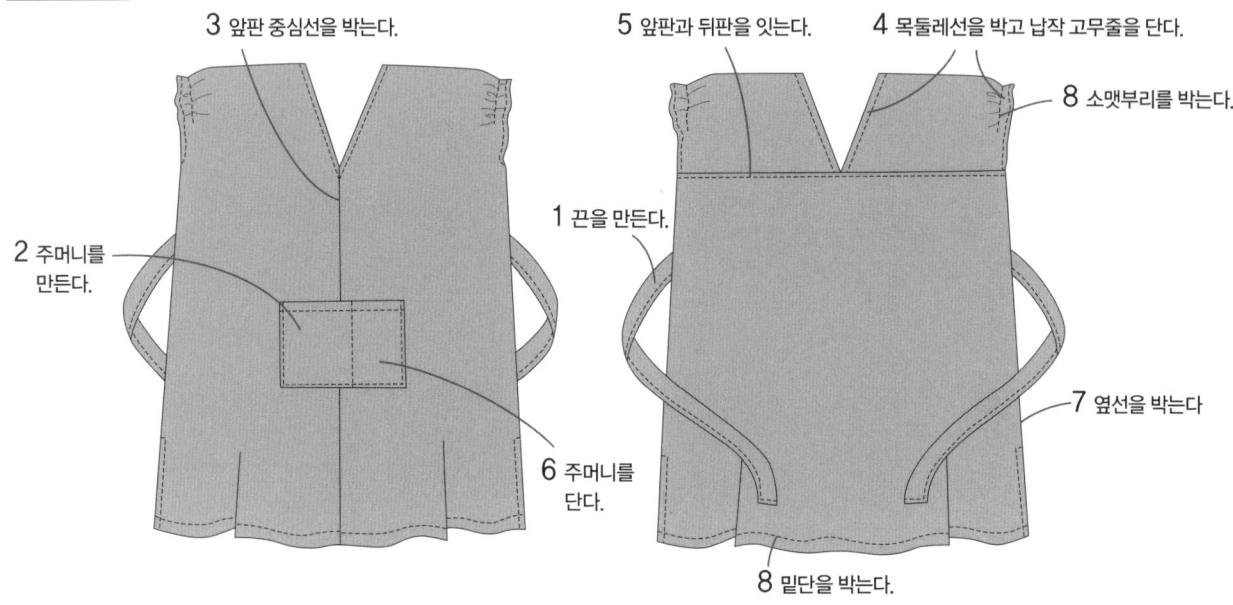

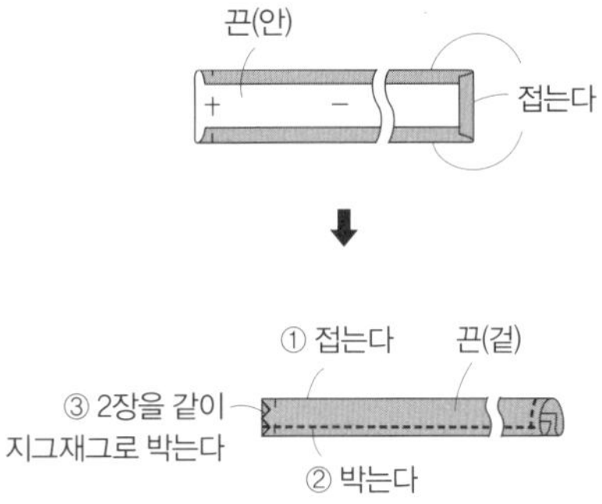

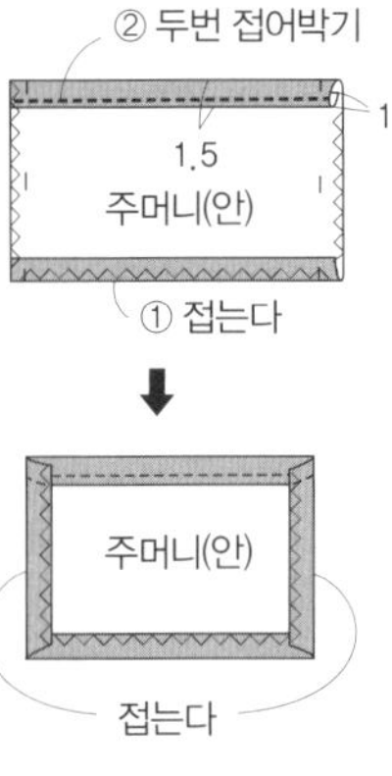

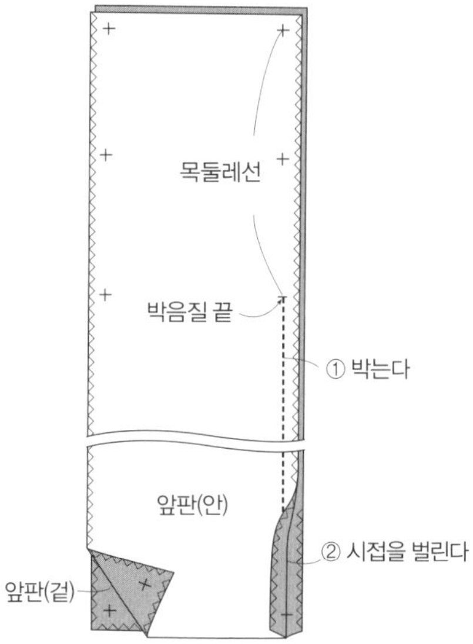

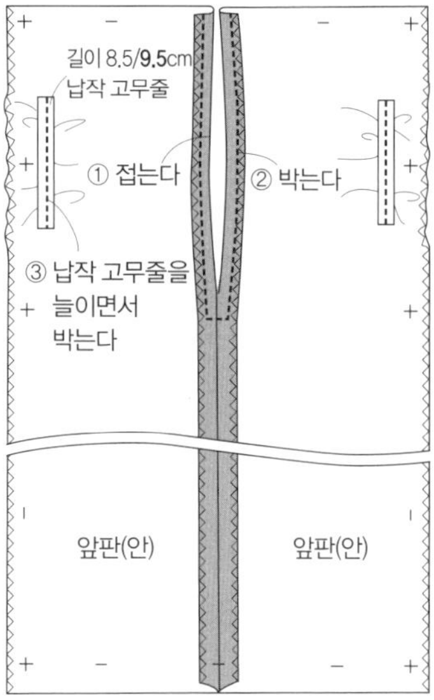

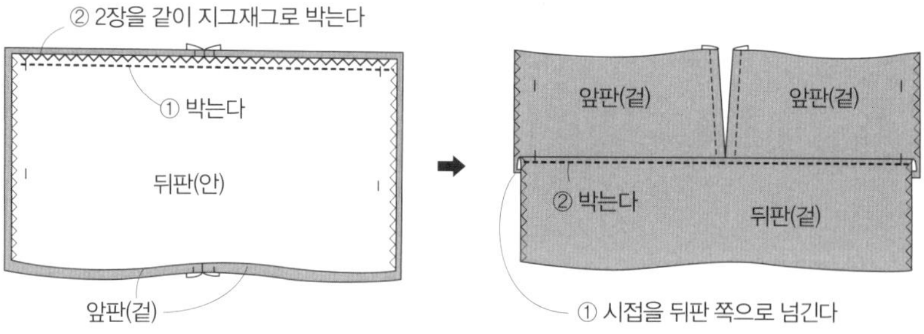

6 주머니를 단다.

7 옆선을 박는다.

8 소맷부리와 밑단을 박는다.

---

page 15 _ 8

재료		
옷감(데님 크리에이트)	60cm 폭	30cm
접착퀼트심지(니혼바이린 MKM-1)	100cm 폭	30cm

제도

◆ 실물 크기 옷본이 없으므로 각자 제도합니다.

※ 종이에 제도하거나 옷감 뒷면에 직접 그려서 마름질합니다.

옷감을 마름질하는 법

만드는 법 ※ 준비 작업: 정해진 자리에 접착퀼트심지를 붙인다.

1 태브를 만든다.

2 주머니를 만든다.

3 몸판을 만든다.

4 완성

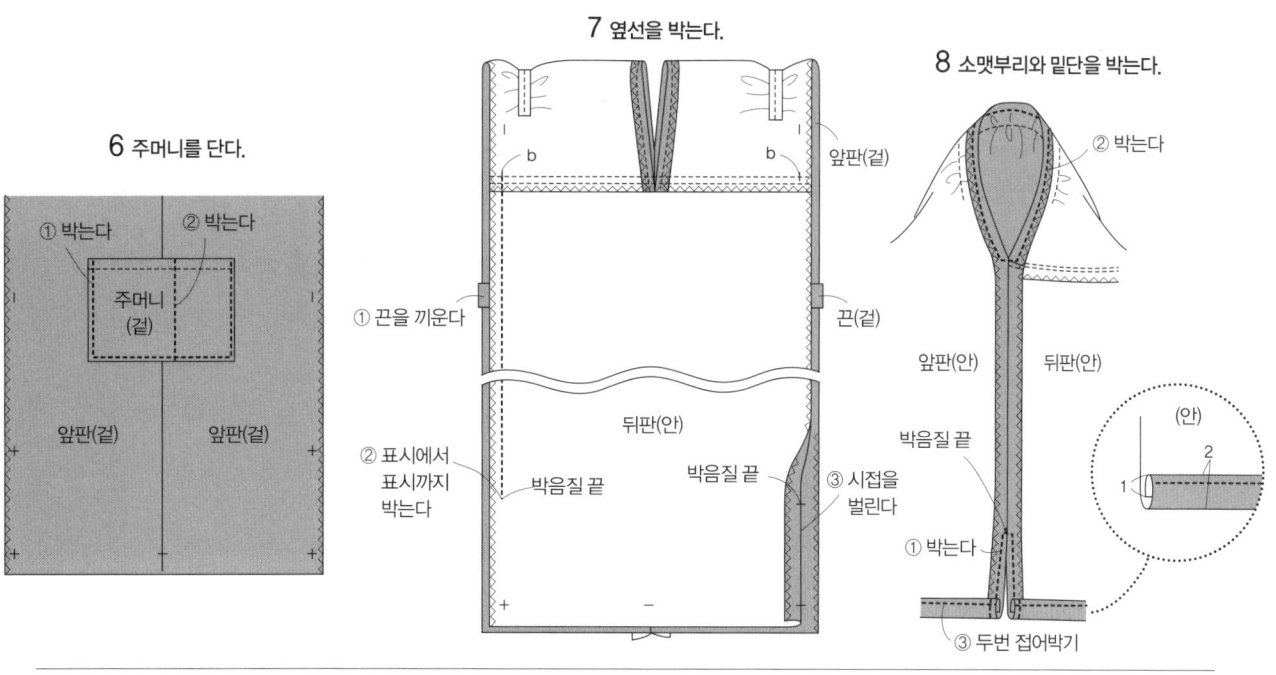

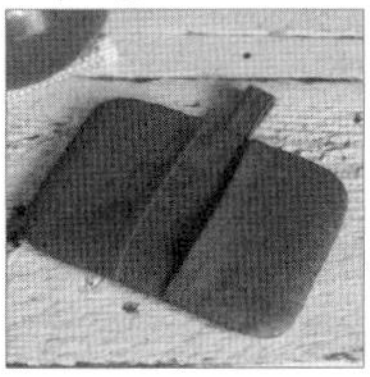

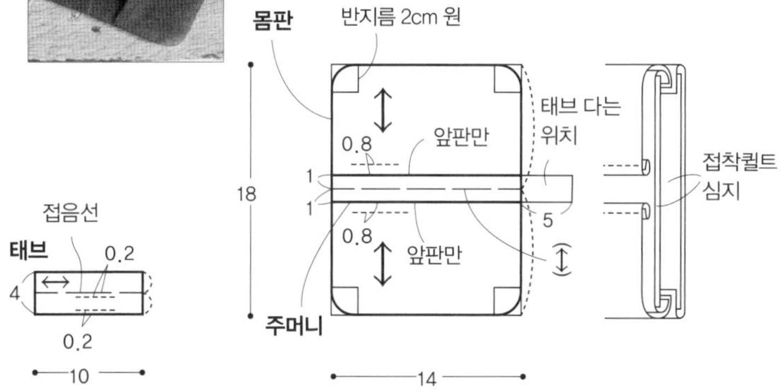

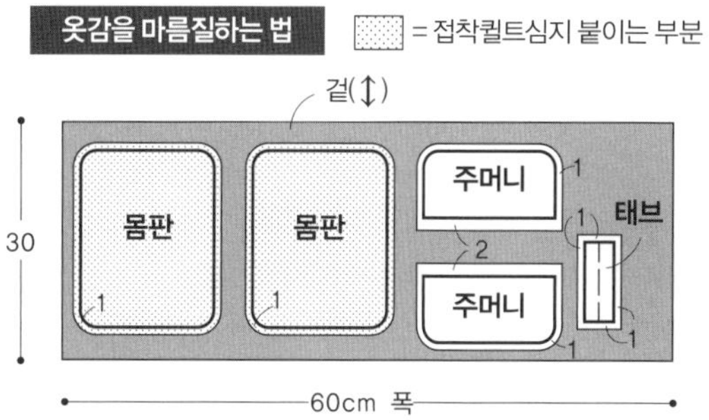

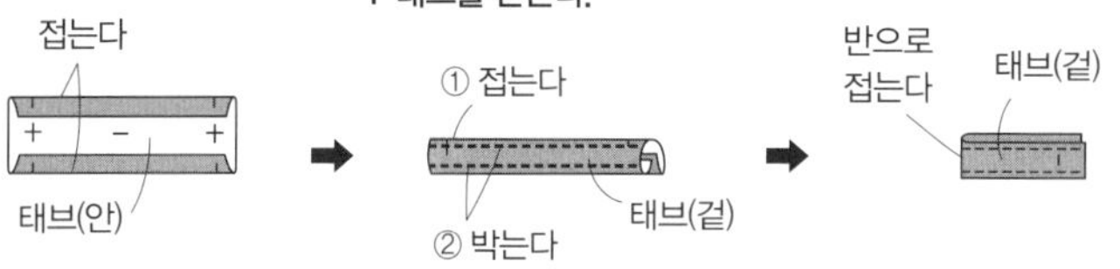

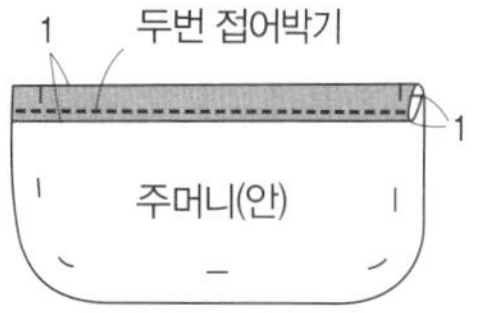

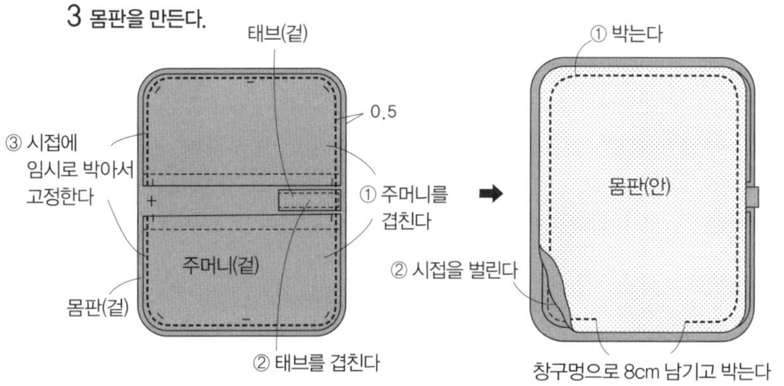

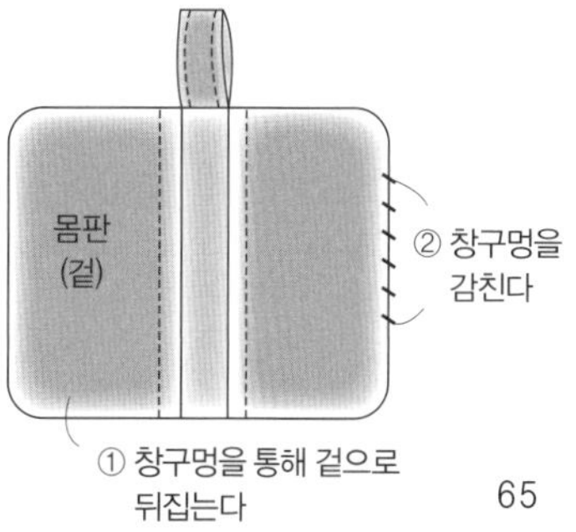

page 14 _ 7

재료		S · M	L · LL
옷감(스탠더드 리넨)	140cm 폭	2m 20cm	2m 30cm
납작 고무줄	0.8cm 폭	70cm	80cm
접은 바이어스테이프	1.27cm 폭	70cm	80cm
완성 치수		S · M	L · LL
전체 길이		92.5cm	97.2cm

숫자 보는 법
S~M 치수
L~LL 치수
하나만 있는
숫자는 공통

옷본

◆ 실물 크기 옷본은 B면에 있습니다.
• 사용하는 부분: 앞판, 뒤판, 앞스커트, 뒤스커트, 주머니

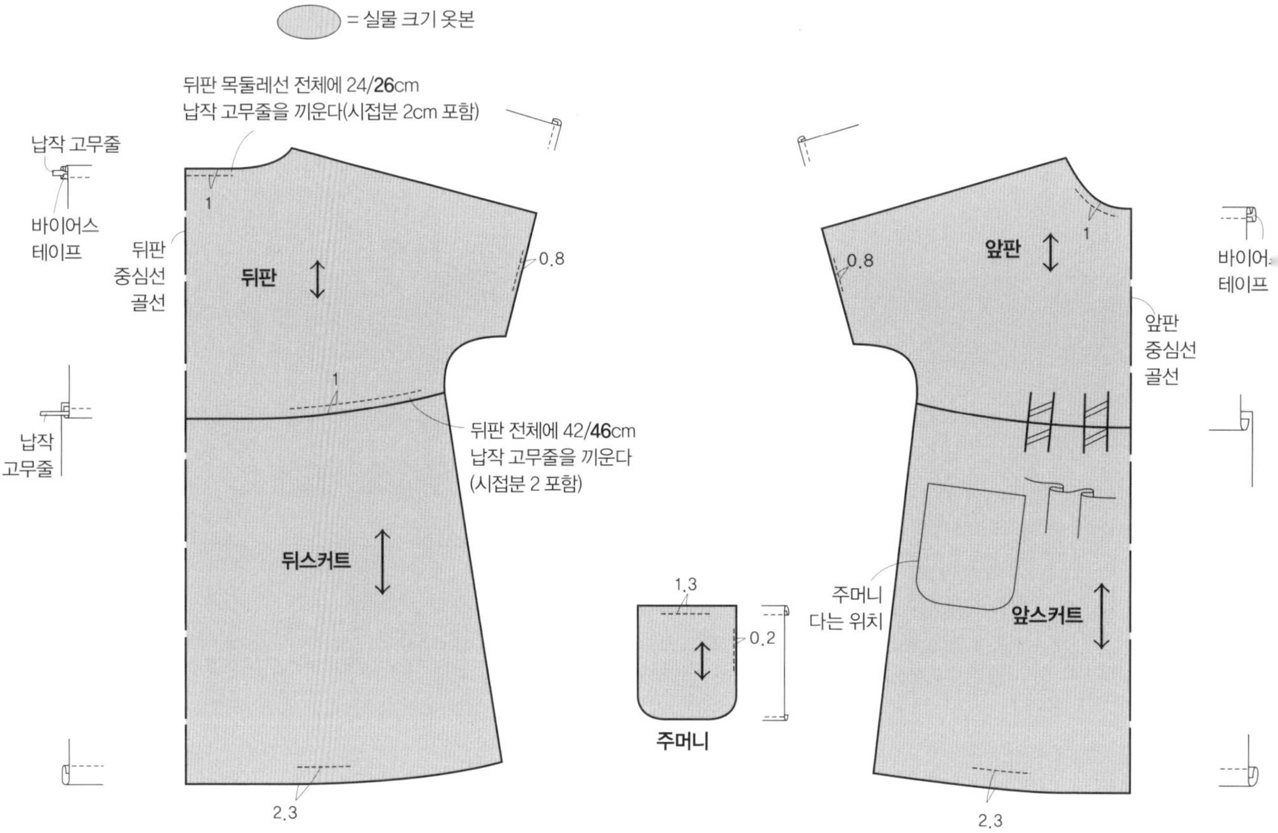

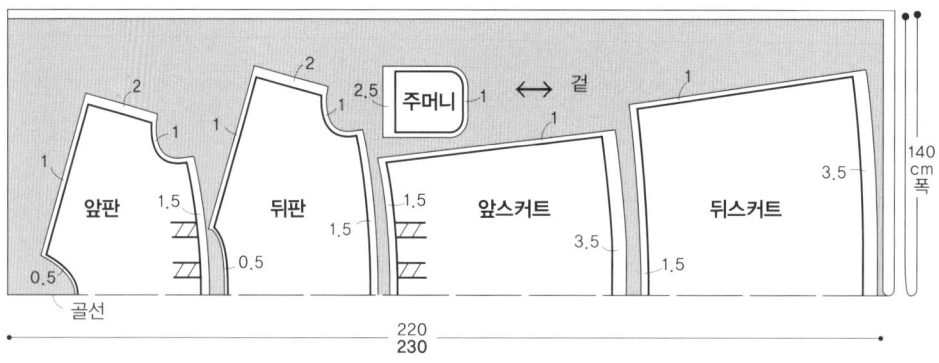

옷감을 마름질하는 법

만드는 순서

만드는 법

※ 준비 작업: 마름질하여 가장자리를 지그재그로 박는다. (주머니, 옆선)

1 주머니를 만들어서 단다.

※ 반대쪽도 같음

2 목둘레선을 처리한다.

※ 앞판도 같음

3 뒤판 목둘레선에 납작 고무줄을 끼운다.

4 접박기 주름을 접는다.

※ 앞판도 같음

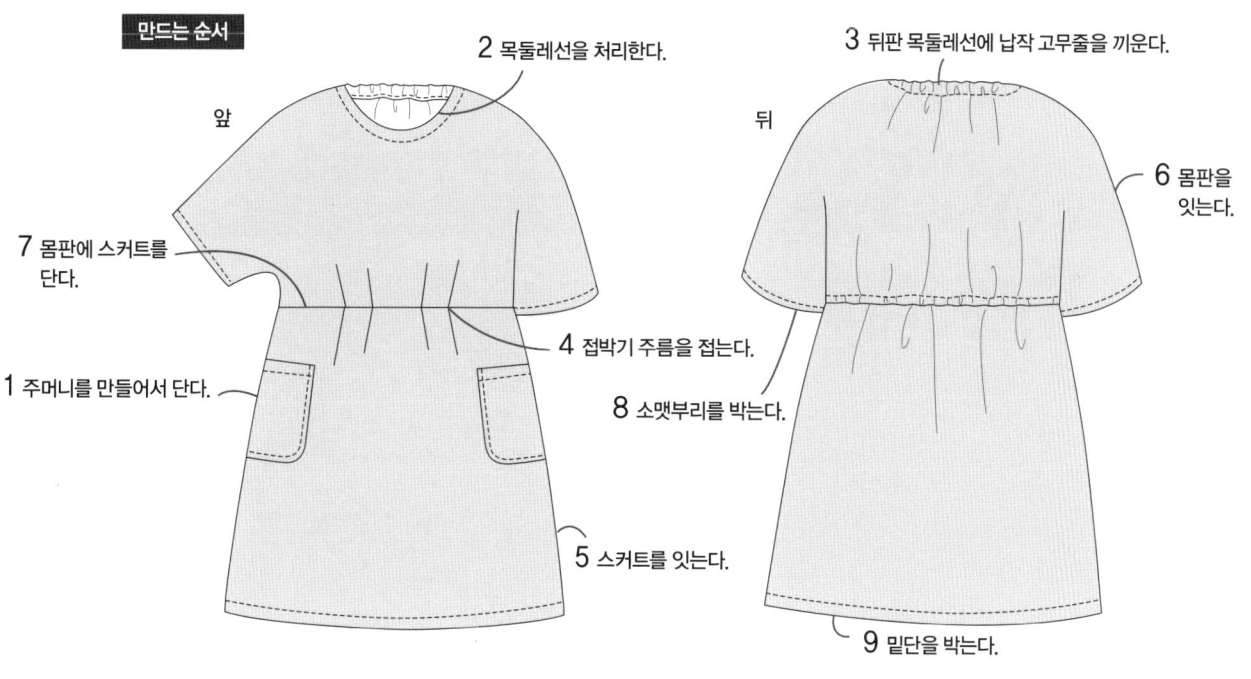

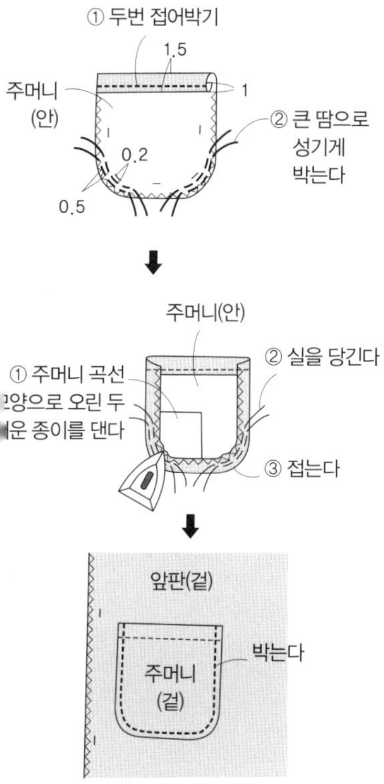

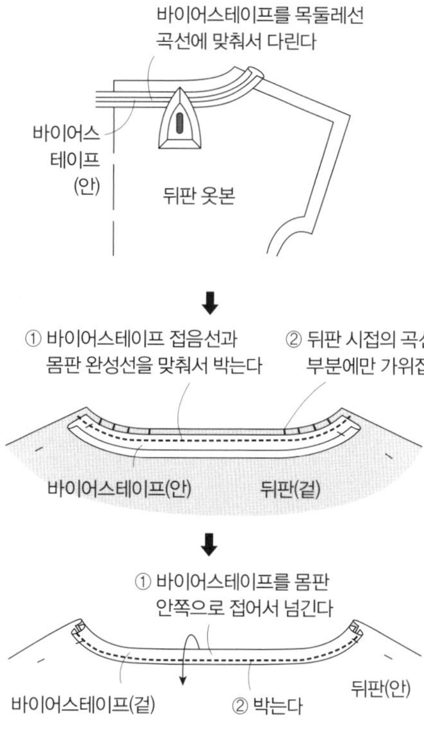

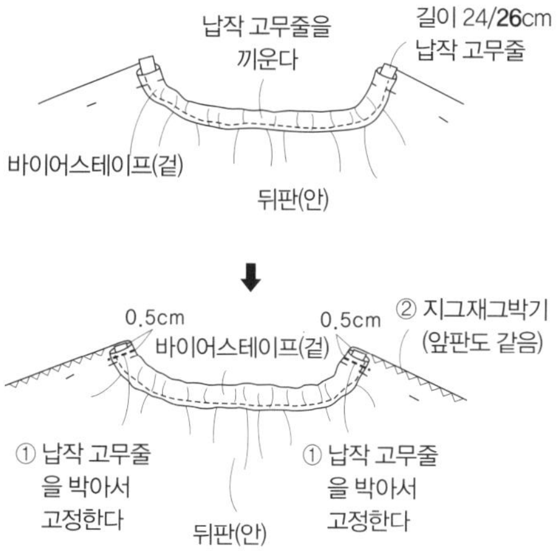

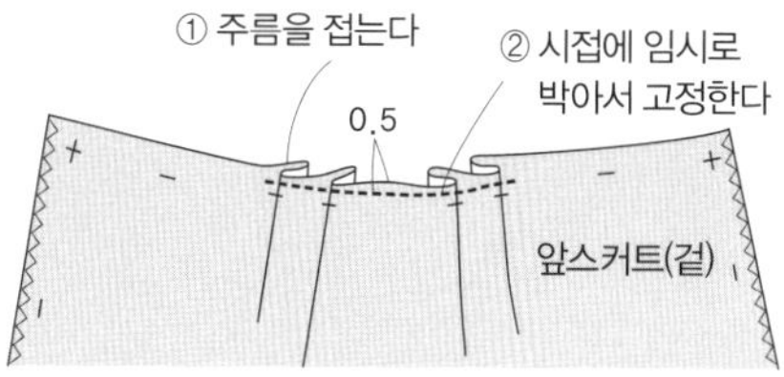

5 스커트를 잇는다.

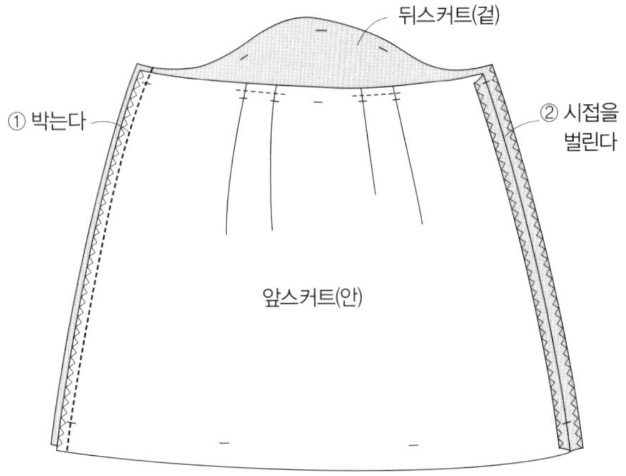

① 박는다
② 시접을 벌린다
뒤스커트(겉)
앞스커트(안)

6 몸판을 잇는다.

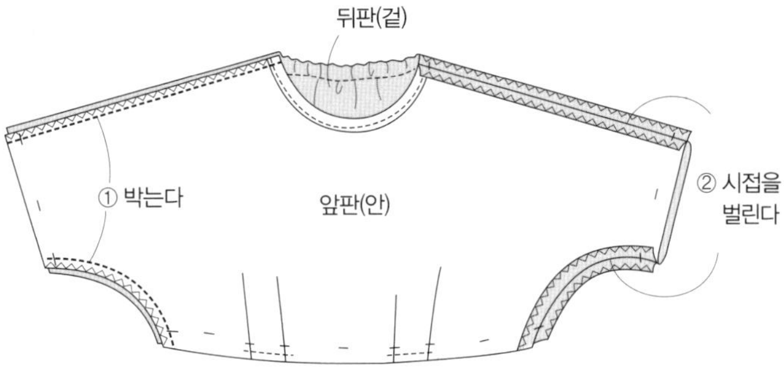

뒤판(겉)
① 박는다
② 시접을 벌린다
앞판(안)

7 몸판에 스커트를 단다.

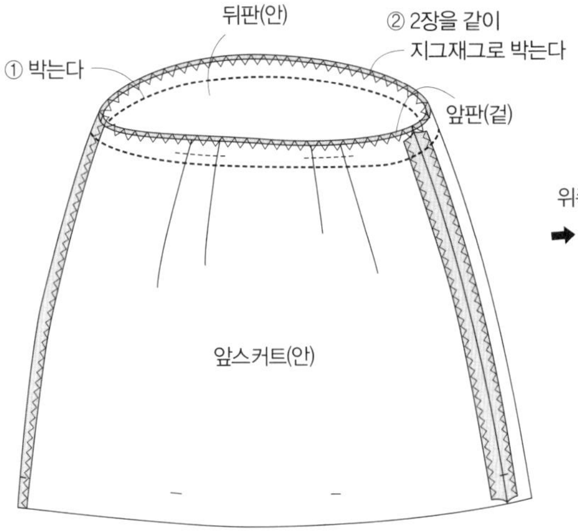

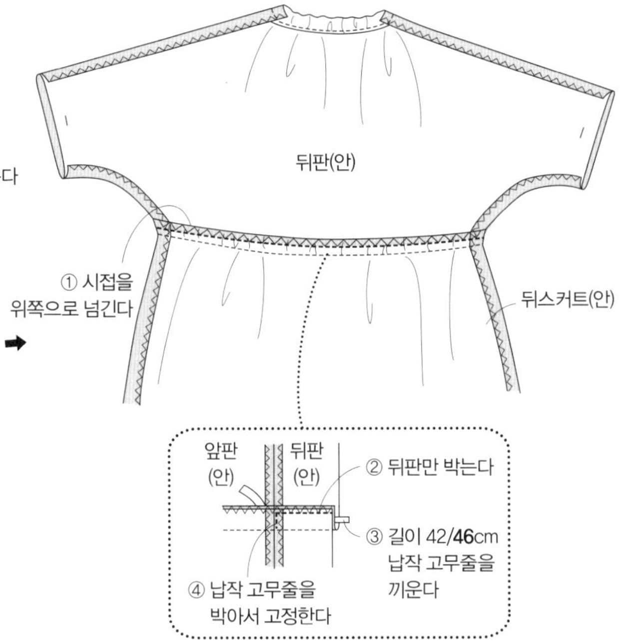

① 박는다
② 2장을 같이 지그재그로 박는다
뒤판(안)
앞판(겉)
앞스커트(안)

→

① 시접을 위쪽으로 넘긴다
뒤판(안)
뒤스커트(안)

② 뒤판만 박는다
③ 길이 42/**46**cm 납작 고무줄을 끼운다
④ 납작 고무줄을 박아서 고정한다
앞판(안) / 뒤판(안)

8 소맷부리를 박는다.

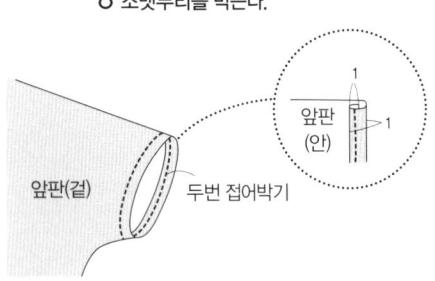

앞판(겉)
두번 접어박기
앞판(안)
1

9 밑단을 박는다.

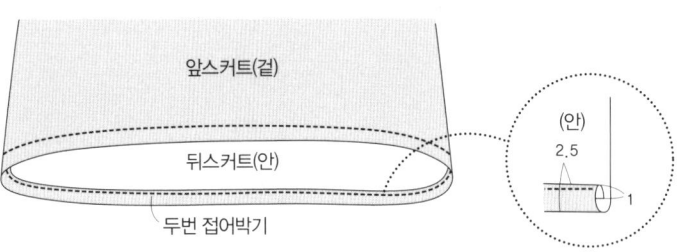

앞스커트(겉)
뒤스커트(안)
두번 접어박기
(안)
2.5
1

page 15 _ 8   page 32 _ 24

재료		
8 옷감(스탠더드 리넨)	60cm 폭	40cm
24 옷감(30 비엘라)	60cm 폭	40cm
납작 고무줄	1cm 폭	15cm

제도
◆ 실물 크기 옷본이 없으므로 각자 제도합니다.
※ 종이에 제도하거나 옷감 뒷면에 직접 그려서 마름질합니다.

옷감을 마름질하는 법

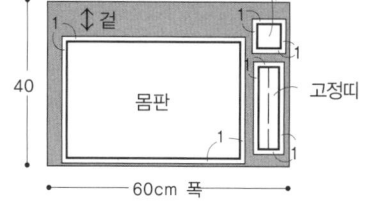

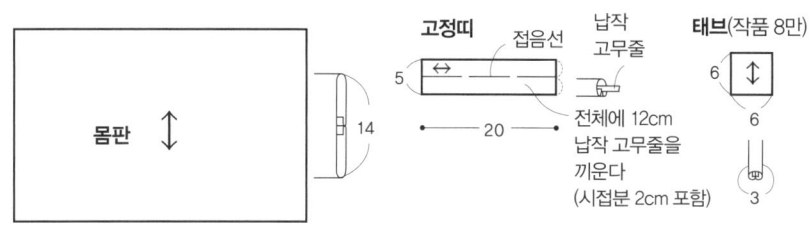

만드는 법

1 몸판을 만든다.

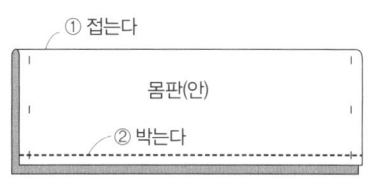

2 고정띠를 만든다.

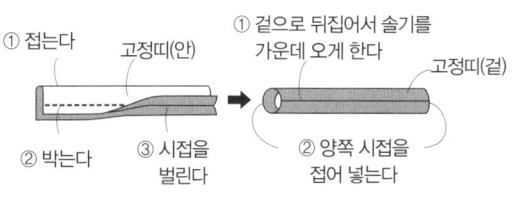

3 몸판에 납작 고무줄을 넣는다.

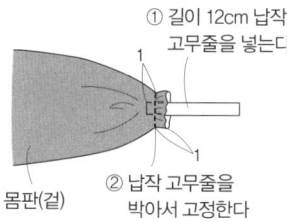

① 길이 12cm 납작 고무줄을 넣는다
② 납작 고무줄을 박아서 고정한다

4 고정띠와 몸판을 잇는다.

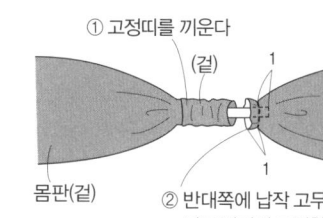

① 고정띠를 끼운다
② 반대쪽에 납작 고무줄을 넣고 박아서 고정한다

① 시접에 덮어씌운다
② 박는다

5 태브를 만든다(작품 8만).

① 접는다
② 박는다
시접을 벌린다
겉으로 뒤집어서 솔기를 가운데에 오게 한다

6 완성.

8
태브를 단다
가운데에 감고 뒤쪽에서 감친다

24
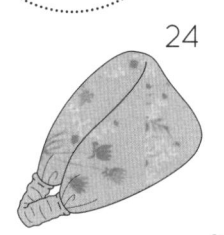

page 26_19

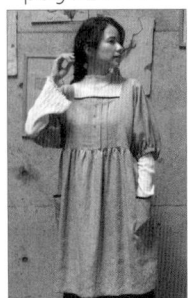

재료		S · M	L · LL
옷감(스탠더드 리넨)	140cm 폭	2m 40cm	2m 50cm
납작 고무줄	1.5cm 폭	70cm	70cm
바인딩 바이어스테이프	1cm 폭	90cm	90cm
단추	지름 1cm	3개	3개

완성 치수	S · M	L · LL
전체 길이	93.5cm	98.1cm

숫자 보는 법
S～M 치수
L～LL 치수
하나만 있는
숫자는 공통

제도

◆ 실물 크기 옷본이 없으므로 각자 제도합니다.

※ 종이에 제도하거나 옷감 뒷면에 직접 그려서 마름질합니다.

옷감을 마름질하는 법

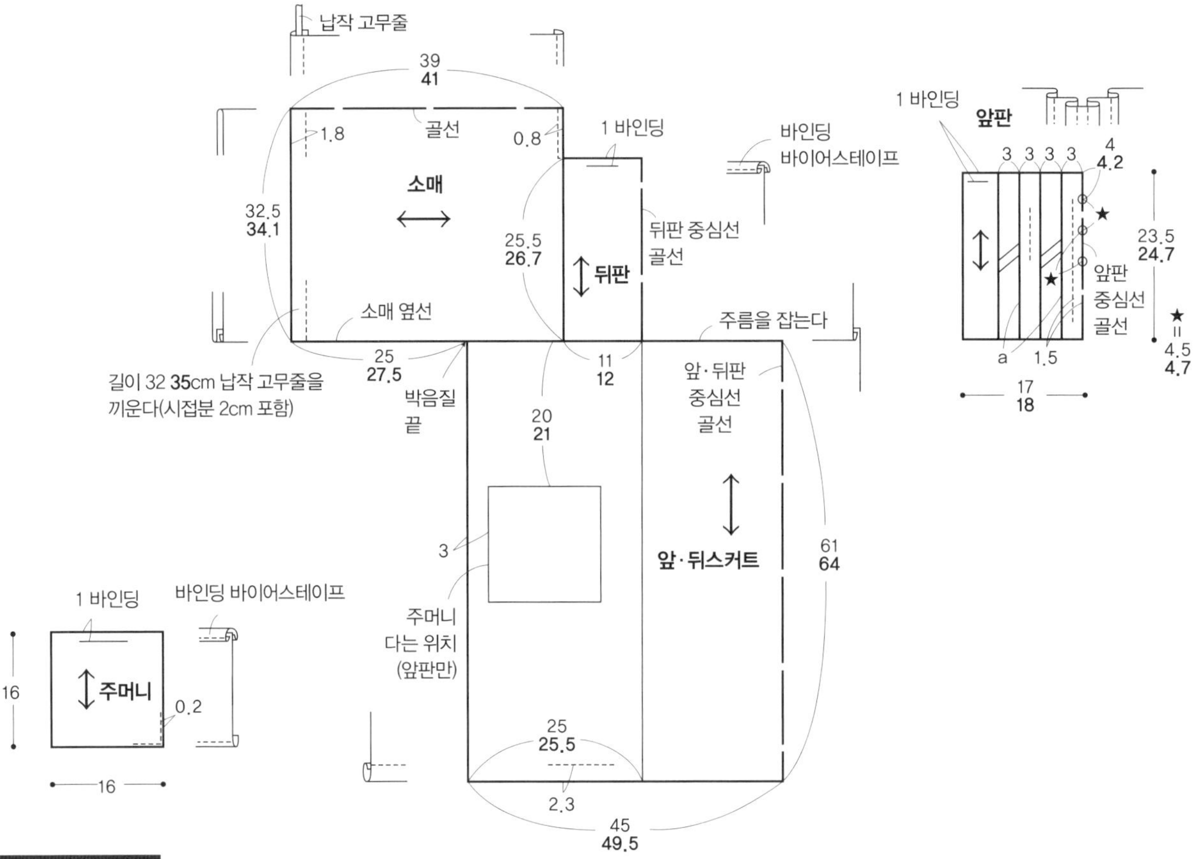

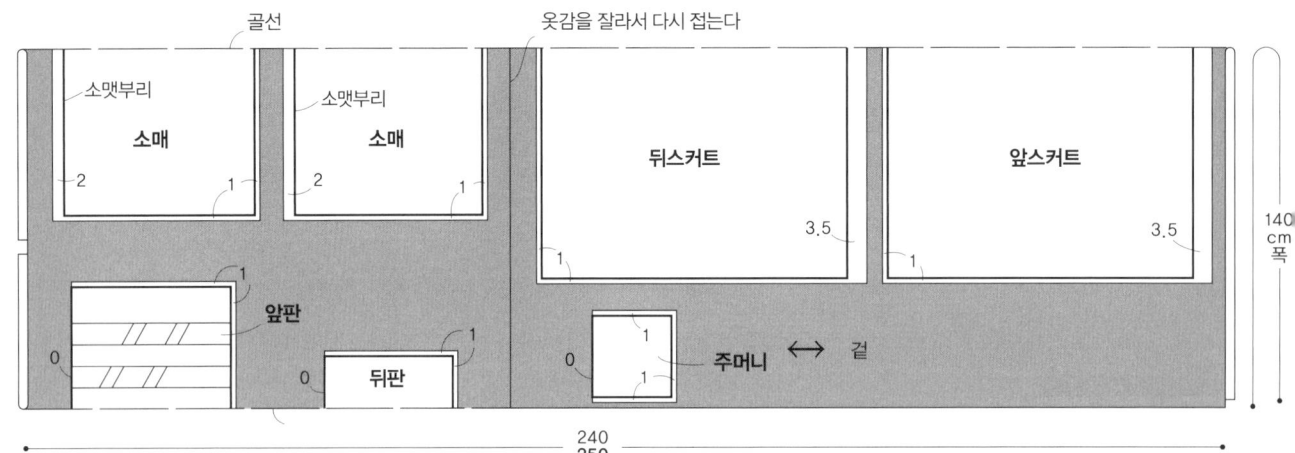

만드는 순서

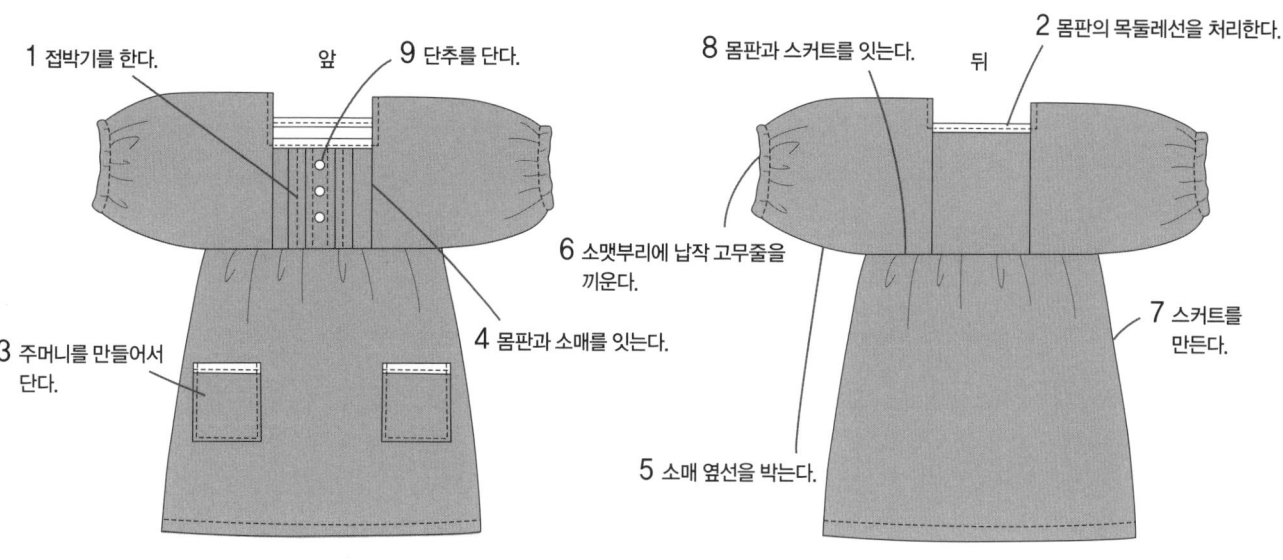

만드는 법

※ 준비 작업: 마름질하여 가장자리를 지그재그로 박는다. (몸판 허리선, 주머니, 소매 옆선, 소맷부리, 스커트 옆선)

1 접박기를 한다.

2 몸판의 목둘레선을 처리한다.

3 주머니를 만들어서 단다.

4 몸판과 소매를 잇는다.

※ 오른쪽 소매도 같은 방법으로 단다

5 소매 옆선을 박는다.

6 소맷부리에 납작 고무줄을 끼운다.

7 스커트를 만든다.

8 몸판과 스커트를 잇는다.

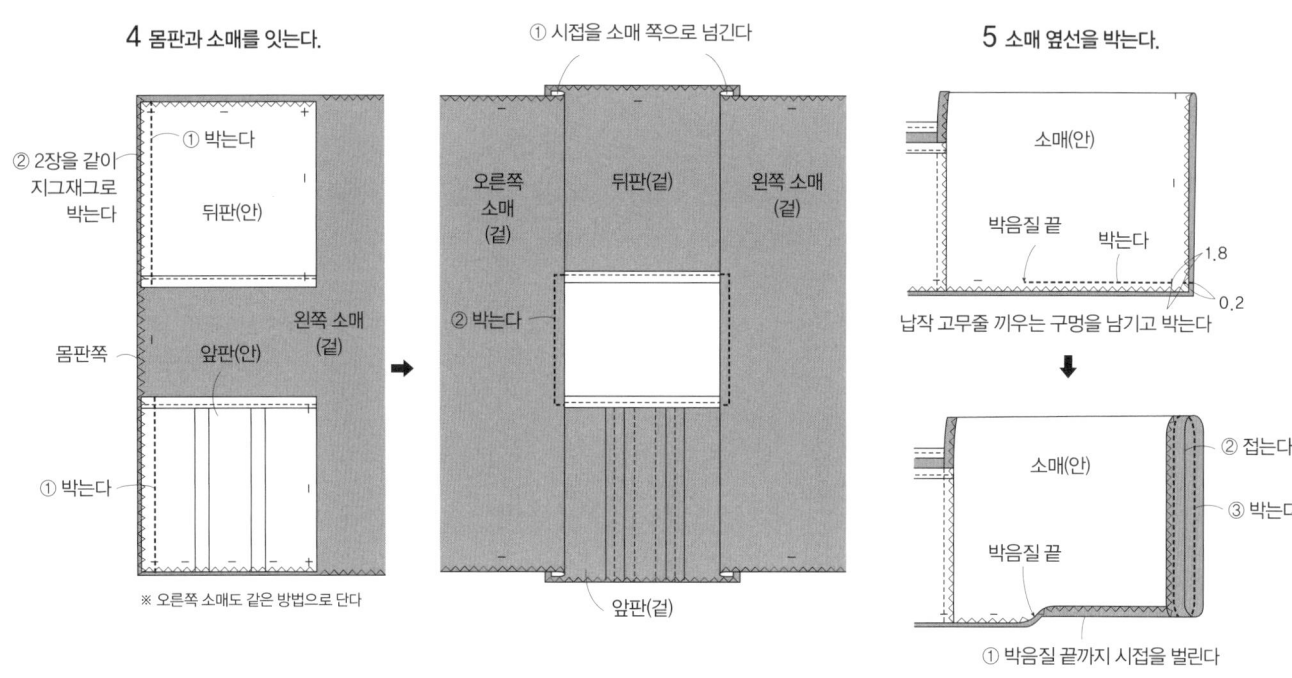

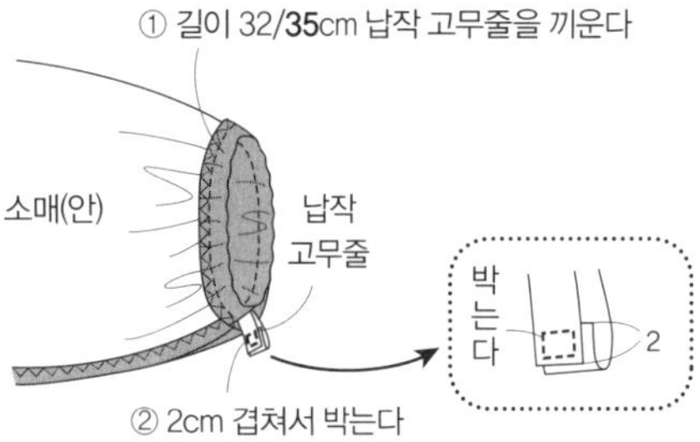

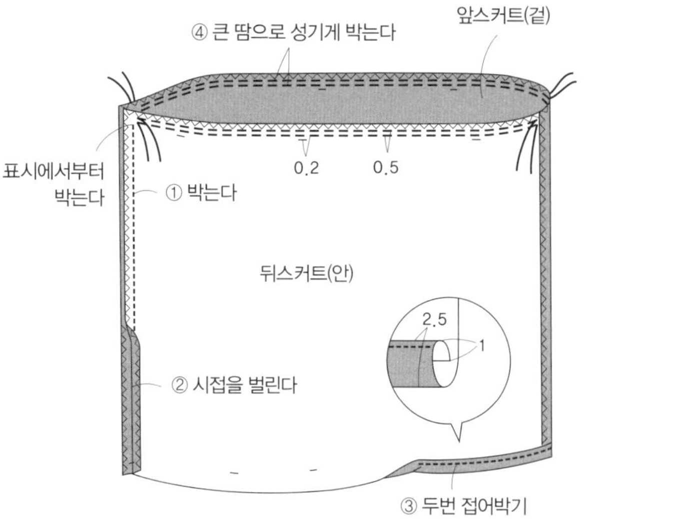

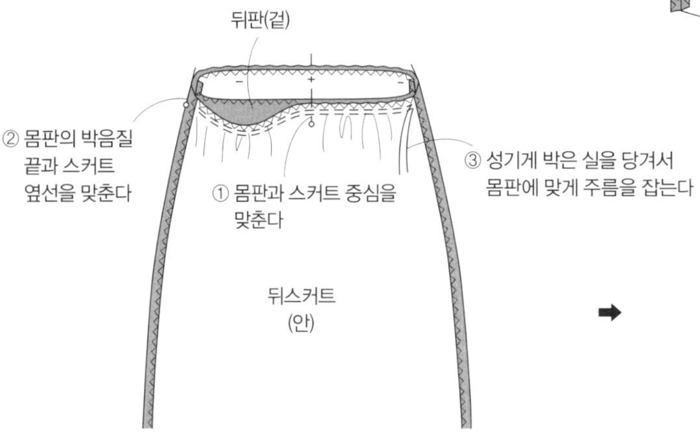

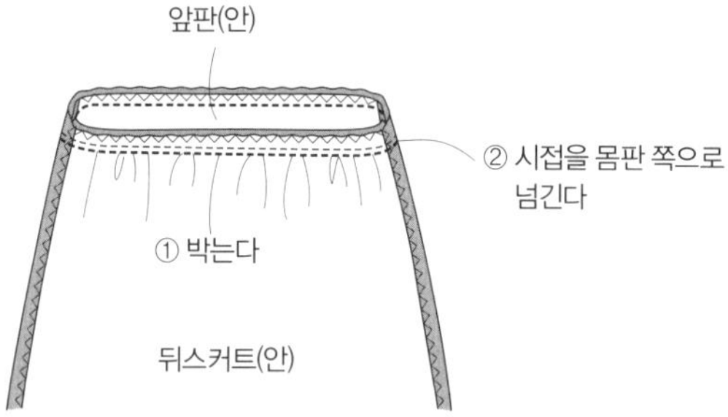

page 21 _ 15

재료		
옷감(라미 리넨)	60cm 폭	40cm
테이프	1cm 폭	1m 30cm

◆ 제도
◆ 실물 크기 옷본이 없으므로 각자 제도합니다.
※ 종이에 제도하거나 옷감 뒷면에 직접 그려서 마름질합니다.

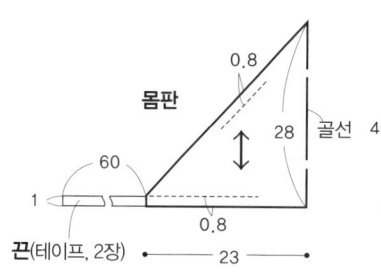

옷감을 마름질하는 법

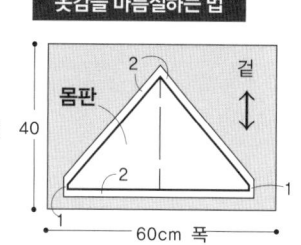

4 완성

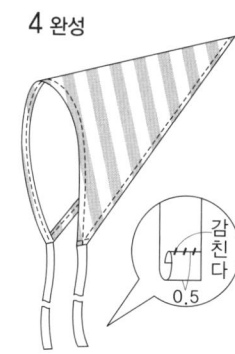

만드는 법

1 옆선을 박는다.

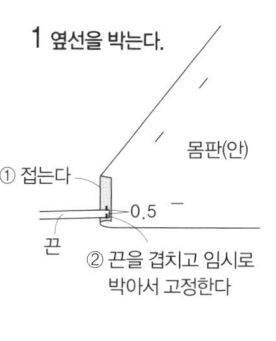

2 모서리를 박는다.

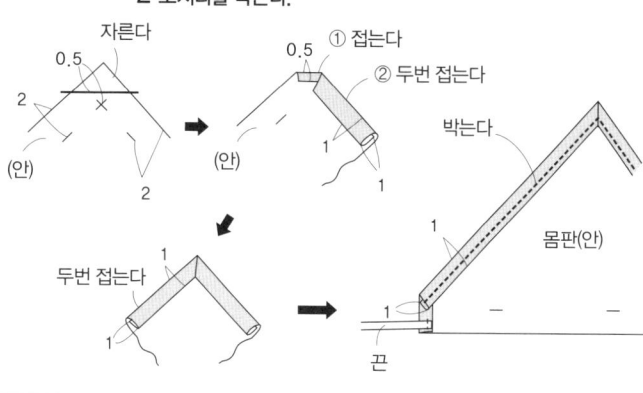

3 끈을 끼우고 박는다.

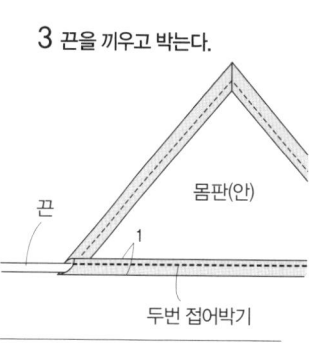

page 17 _ 11

재료		
옷감(선염 줄무늬)	100cm 폭	50cm
납작 고무줄	1.5cm 폭	1m

◆ 제도
◆ 실물 크기 옷본이 없으므로 각자 제도합니다.
※ 종이에 제도하거나 옷감 뒷면에 직접 그려서 마름질합니다.

옷감을 마름질하는 법

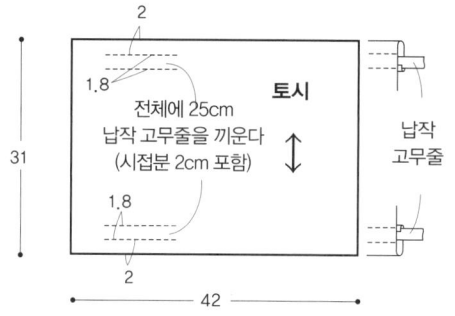

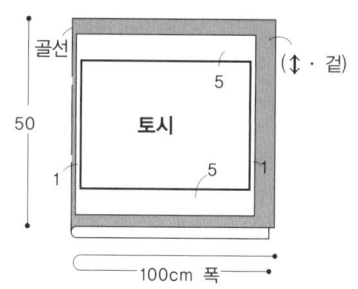

만드는 법   ※ 준비 작업: 마름질하여 가장자리를 지그재그로 박는다. (옆선)

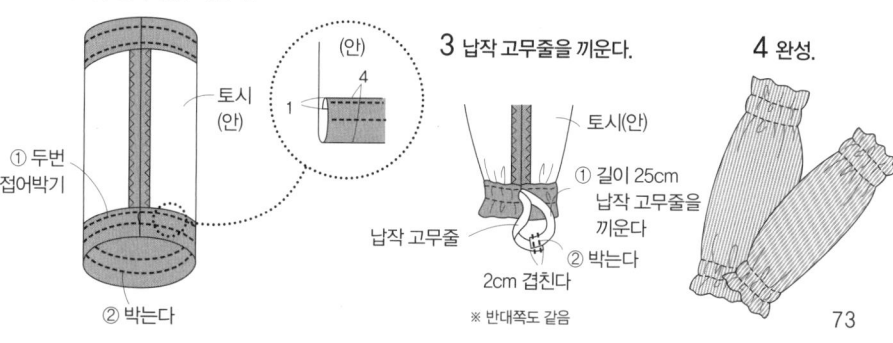

1 옆선을 박는다.

2 팔 끼우는 구멍을 박는다.

3 납작 고무줄을 끼운다.

4 완성.

page 20 _ 14

재료(1벌분)		S·M	L·LL
옷감(라미 리넨)	116cm 폭	2m 30cm	2m 40cm
납작 고무줄	1.5cm 폭	80cm	90cm
접은 바이어스테이프	1.27cm 폭	80cm	80cm

완성 치수	S·M	L·LL
전체 길이	90cm	94.5cm

옷본

◆ 실물 크기 옷본은 A면에 있습니다.
• 사용하는 부분: 목둘레

※ 앞판, 뒤판, 덧댐천, 소매, 주머니는 실물 크기 옷본이 없으므로 각자 제도합니다.

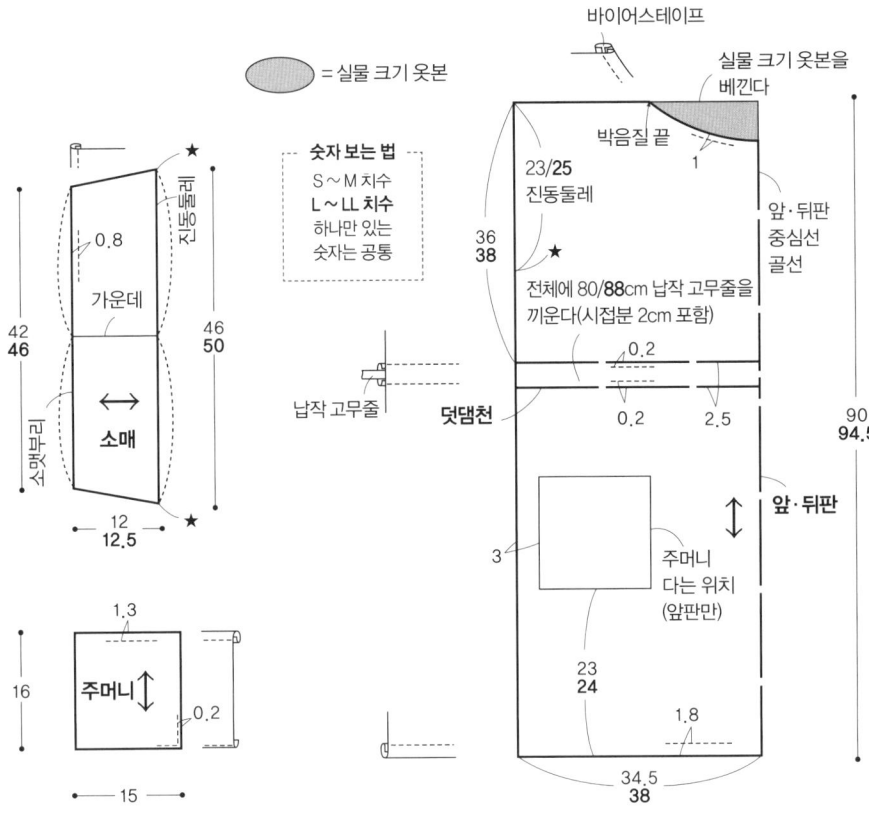

숫자 보는 법
S~M 치수
L~LL 치수
하나만 있는
숫자는 공통

만드는 법

※ 준비 작업: 마름질하여 가장자리를 지그재그로 박는다. (주머니, 몸판 옆선, 소매 옆선)

1 주머니를 만들어서 단다.

① 두번 접어박기
1.5
주머니(안)
② 접는다

앞판(겉)
주머니(겉)
박는다

※ 반대쪽도 같음

2 목둘레선을 박는다.

② 앞판 시접의 곡선 부분에만 가위집
바이어스테이프(안)
① 바이어스테이프 접음선과 몸판 완성선을 맞춰서 박는다
앞판(겉)

③ 지그재그박기
바이어스테이프(겉)
① 바이어스테이프를 몸판 안쪽으로 접어서 넘긴다
② 박는다
앞판(안)

※ 뒤판도 같음

3 어깨선을 박는다.

뒤판(겉)
박는다
앞판(안)

뒤판(안)
① 시접을 벌린다
② 박는다
앞판(안)

4 옆선을 박는다.

뒤판(겉)
진동둘레
앞판(안)
표시까지 박는다
★

5 소매를 만든다.

② 박는다
소매(안)
① 접는다

① 시접을 벌린다
소매(안)
② 두번 접어박기

1
1

6 덧댐천을 만들어서 단다.

덧댐천(겉)
박는다
덧댐천(안)
1
1
한쪽에만 고무줄 끼우는 구멍을 남기고 박는다

① 시접을 벌린다
② 접는다
덧댐천(안)

앞판(겉)
덧댐천(겉)
박는다
뒤판(안)

7 납작 고무줄을 끼운다.

8 소매를 단다.

9 밑단을 박는다.

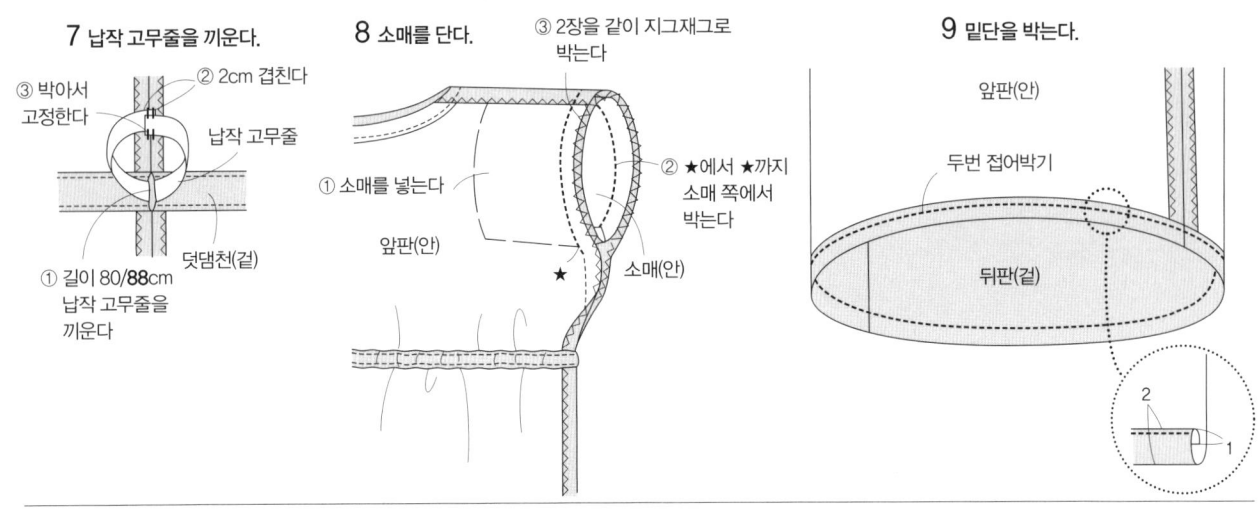

page 27_20

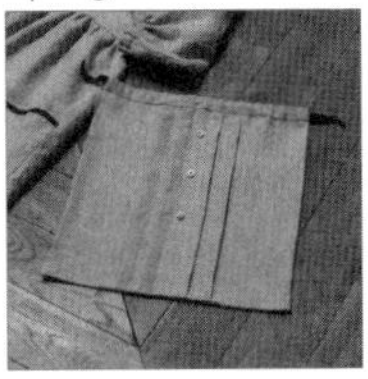

재료(1벌분)		
옷감(스탠더드 리넨)	90cm 폭	50cm
리본	1cm 폭	1m 60cm
단추	지름 1cm	3개

제도

◆ 실물 크기 옷본이 없으므로 각자 제도합니다.

※ 종이에 제도하거나 옷감 뒷면에 직접 그려서 마름질합니다.

리본 끼우는 법

옷감을 마름질하는 법

만드는 법

※ 준비 작업: 마름질하여 가장자리를
지그재그로 박는다. (주머니 옆선, 바닥선)

1 접박기를 한다.

※ 남은 접박기도 같음

2 앞주머니와 뒤주머니를 잇는다.

3 트임 끝을 박는다.

4 입술감을 단다.

5 완성.

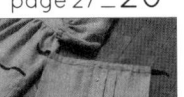

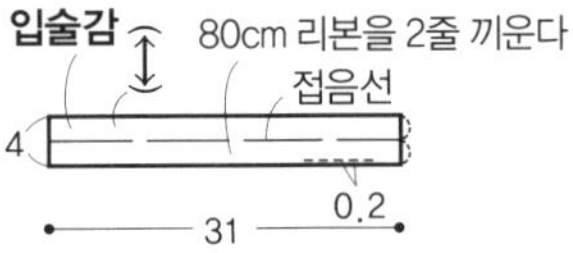

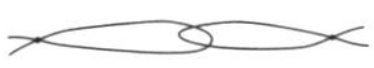

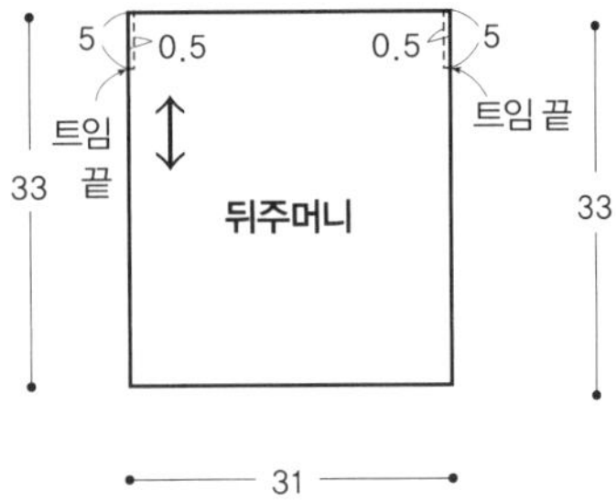

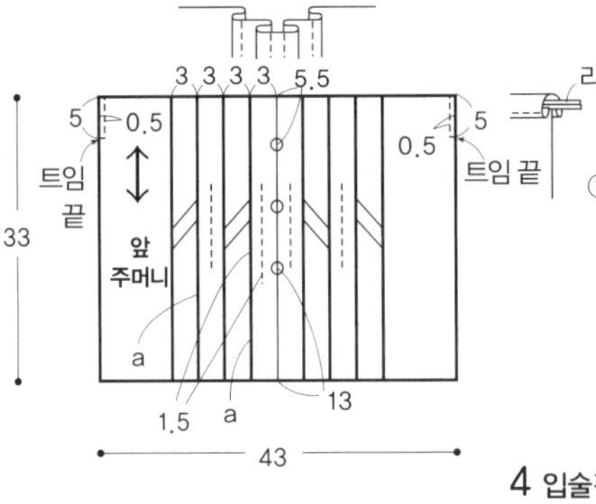

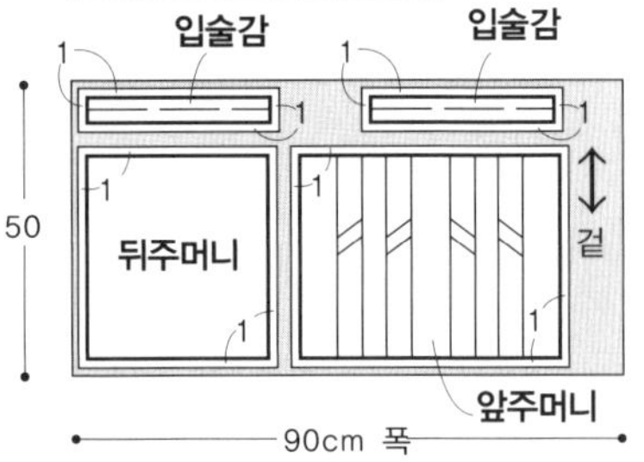

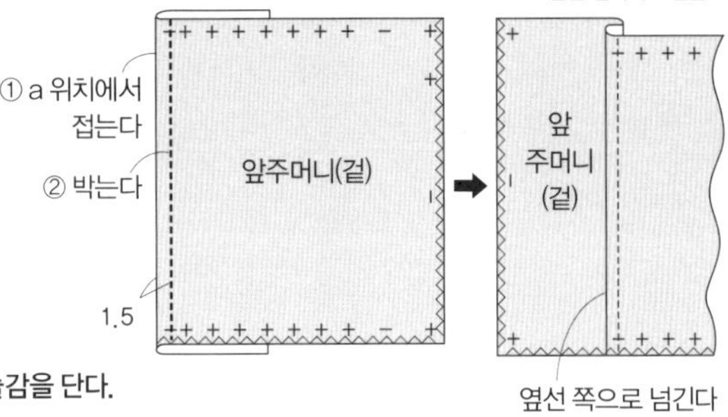

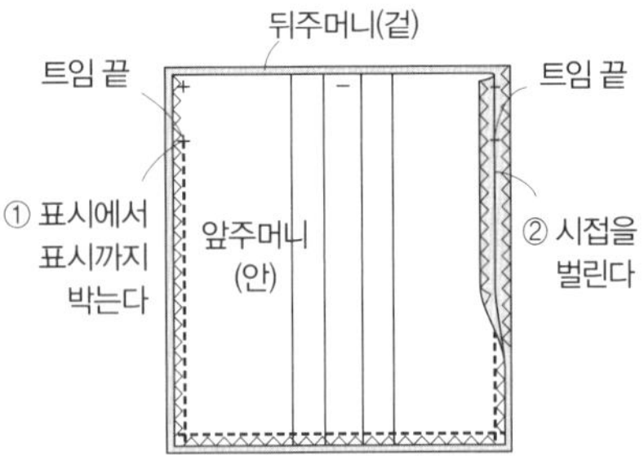

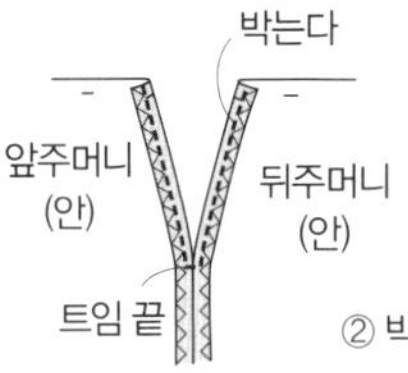

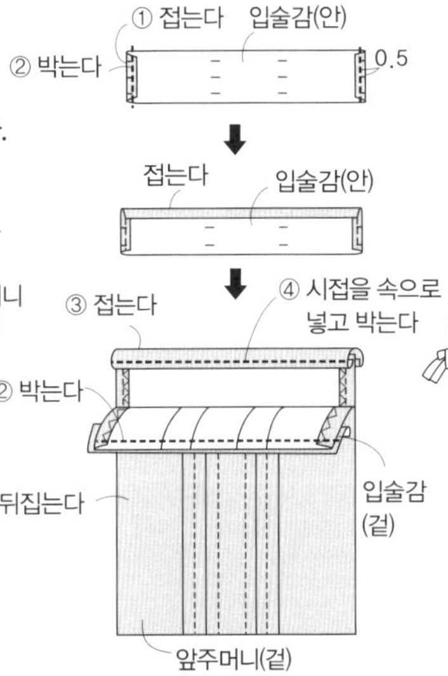

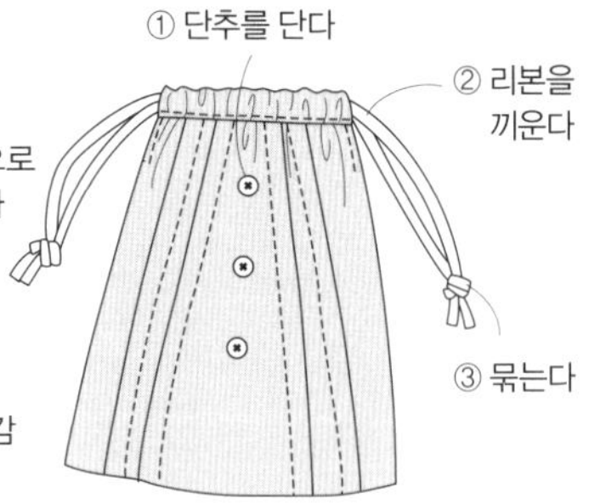

page 33 _ 25

재료		S · M	L · LL
옷감(30 비엘라)	110cm 폭	4m 10cm	4m 30cm
납작 고무줄	1.5cm 폭	50cm	50cm
접은 바이어스테이프	1.27cm 폭	1m 30cm	1m 40cm

완성 치수	S · M	L · LL
전체 길이	104cm	109.3cm

옷본

◆ 실물 크기 옷본은 A면에 있습니다.
• 사용하는 부분: 앞판, 뒤판, 아래 앞판, 아래 뒤판, 소매

※ 끈 A, 끈 B, 주머니 A, 주머니 B는 실물 크기 옷본이 없으므로 각자 제도합니다.

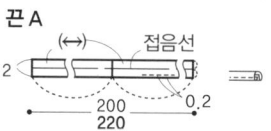

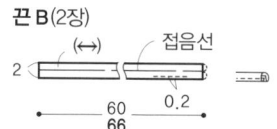

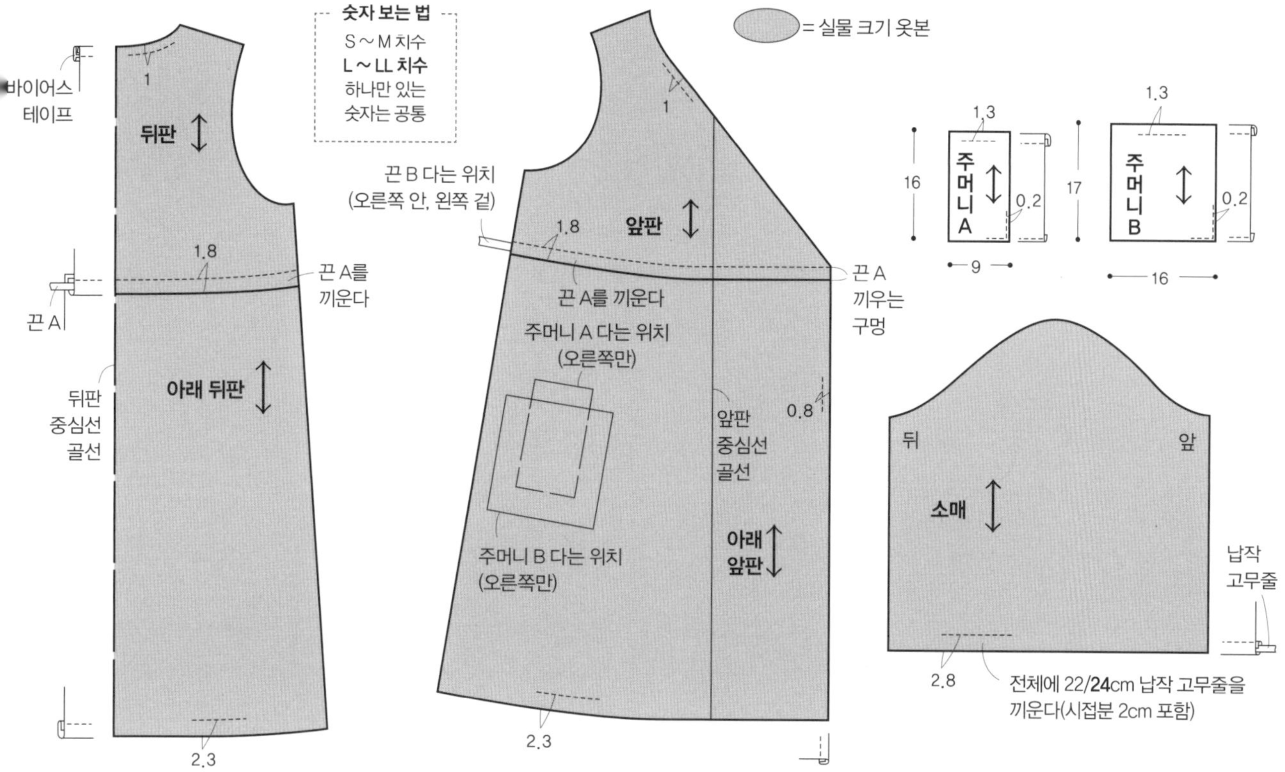

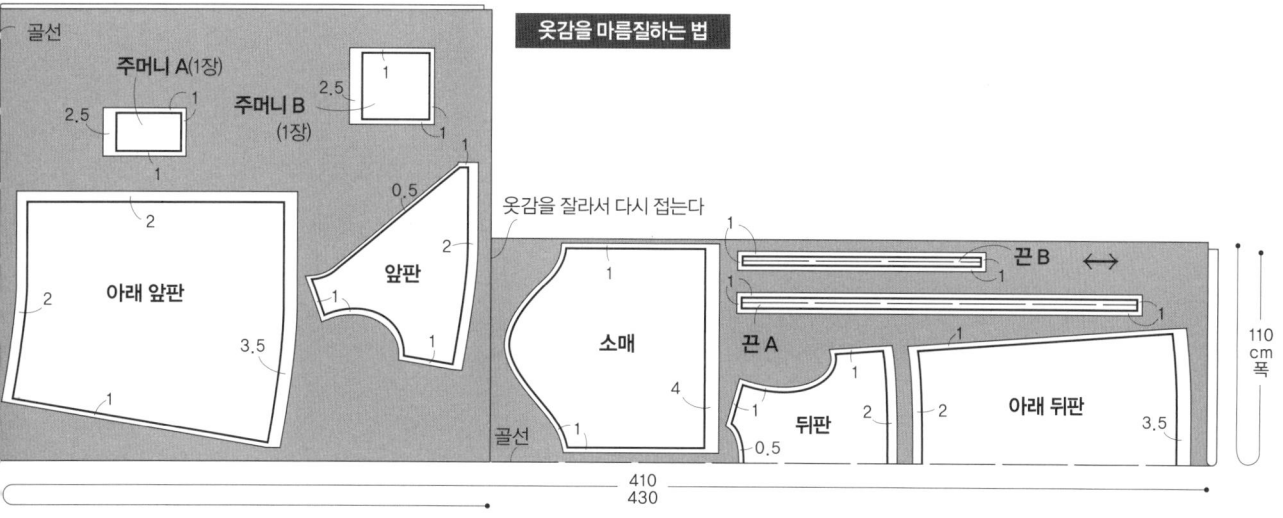

만드는 법

만드는 법

※ 준비 작업: 마름질하여 가장자리를 지그재그로 박는다. (주머니, 어깨선, 몸판 옆선, 소매 옆선)

1 주머니를 만들어서 단다.

2 어깨선을 박는다.

3 목둘레선을 바이어스테이프로 처리한다.

4 끈 B를 만든다.

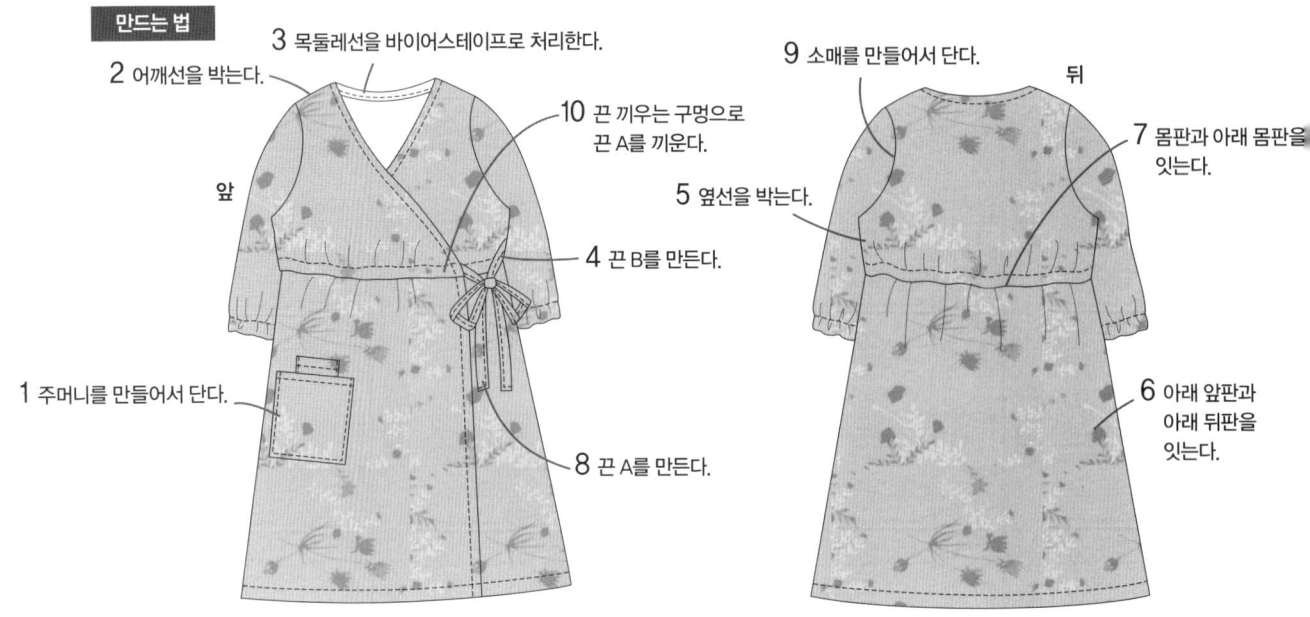

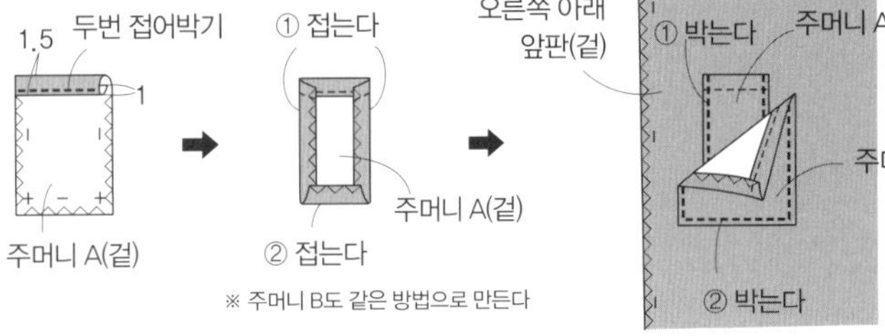

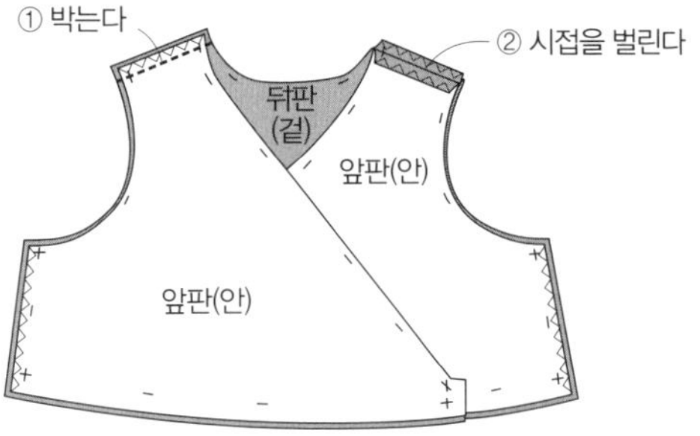

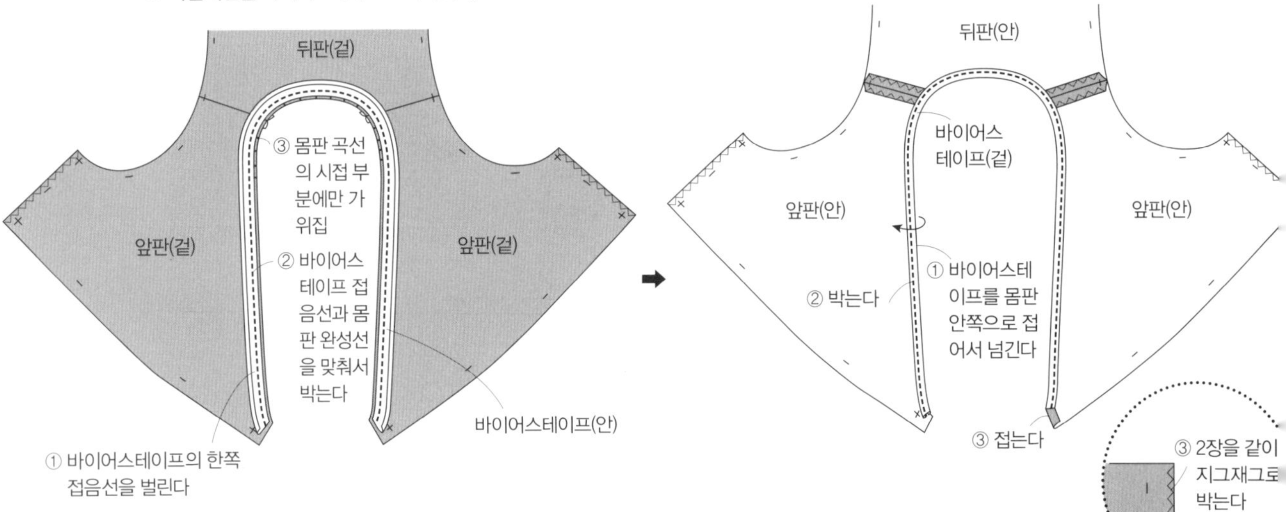

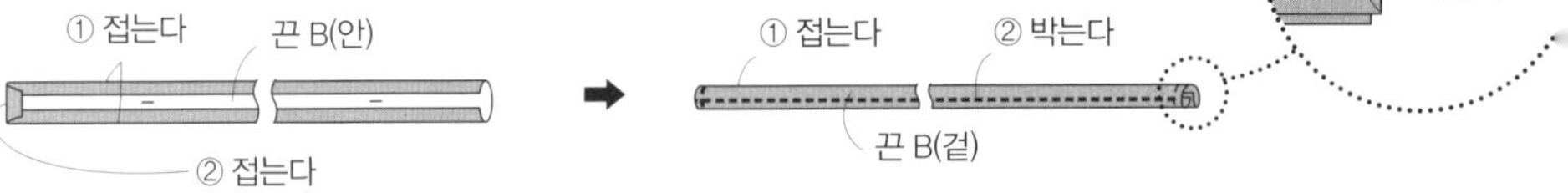

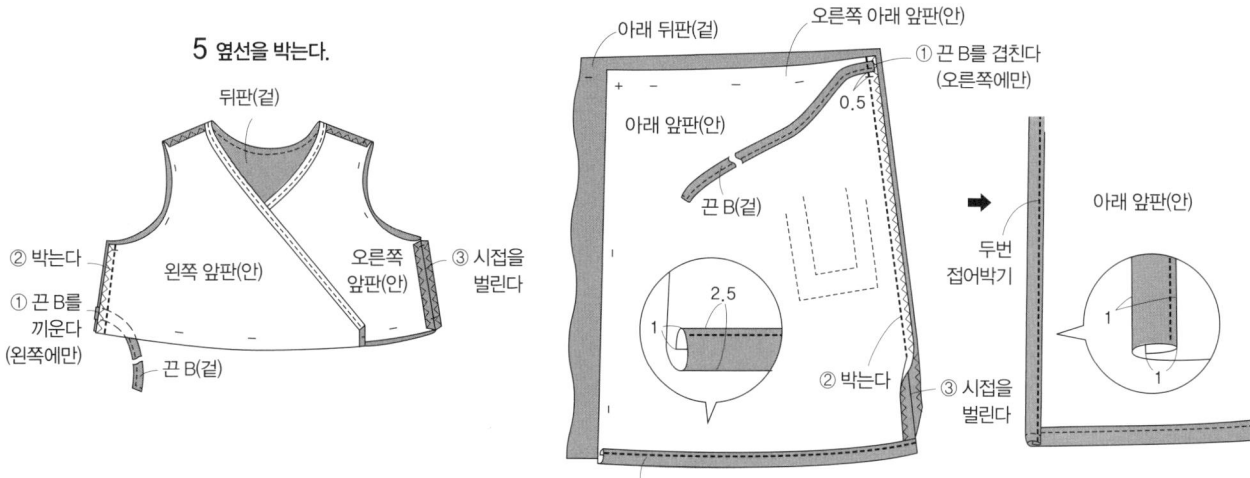

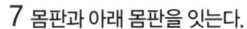

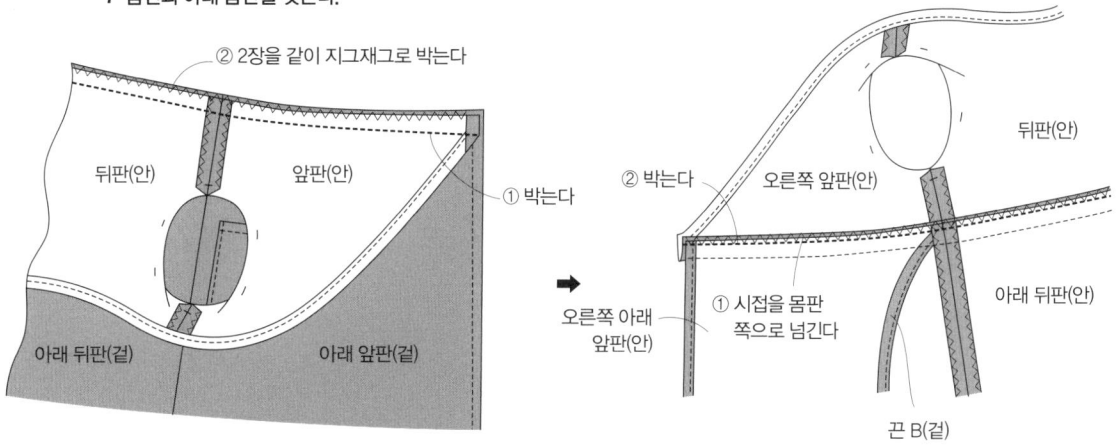

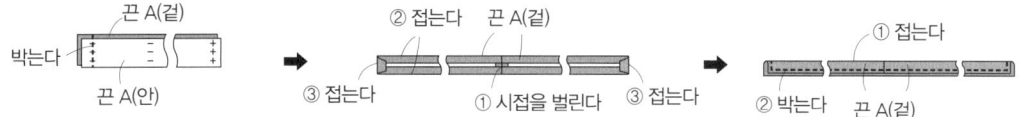

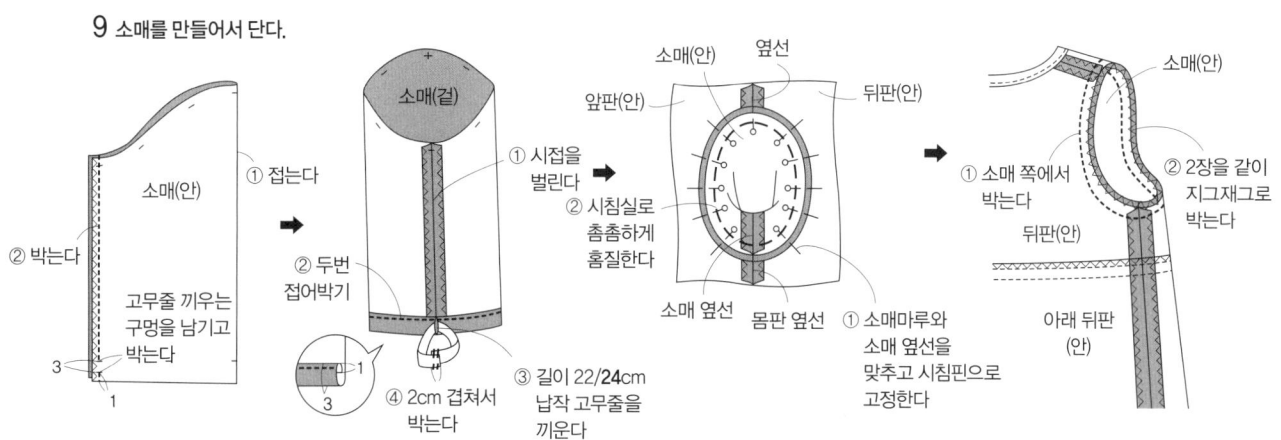

page 7_3

재료		S · M	L · LL
옷감(리넨 프린트)	108cm 폭	3m 30cm	3m 40cm
접착심지(니혼바이린 FV-2N)	112cm 폭	1m 10cm	10m 10cm
납작 고무줄 A	1.5cm 폭	50cm	50cm
납작 고무줄 B	2.5cm 폭	80cm	90cm
단추	지름 2cm	1개	1개
완성 치수		S · M	L · LL
전체 길이		93cm	97.8cm

숫자 보는 법
S~M 치수
L~LL 치수
하나만 있는 숫자는 공통

옷본

◆ 실물 크기 옷본은 A면에 있습니다.
• 사용하는 부분: 앞판, 뒤판, 앞쪽 안단, 뒤쪽 안단, 앞쪽 덧댐천, 뒤쪽 덧댐천, 주머니, 소매
※ 끈은 실물 크기 옷본이 없으므로 각자 제도합니다.

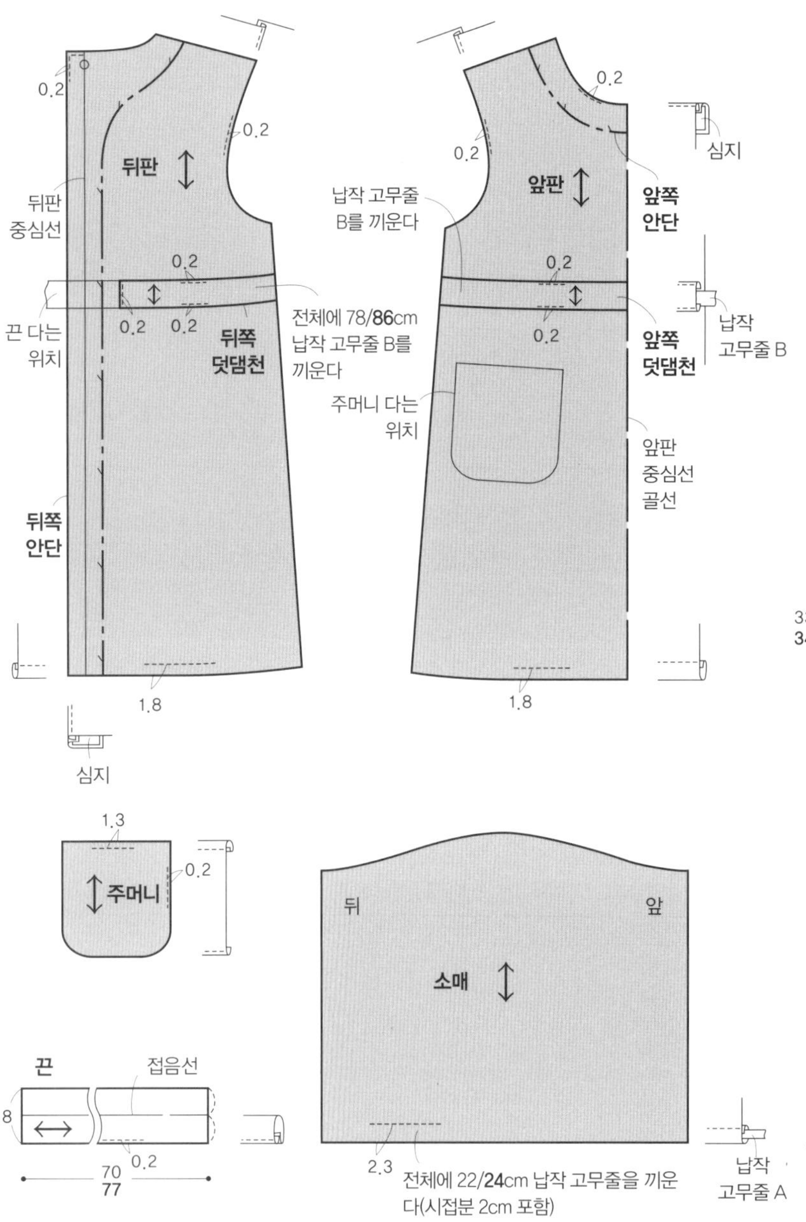

옷감을 마름질하는 법

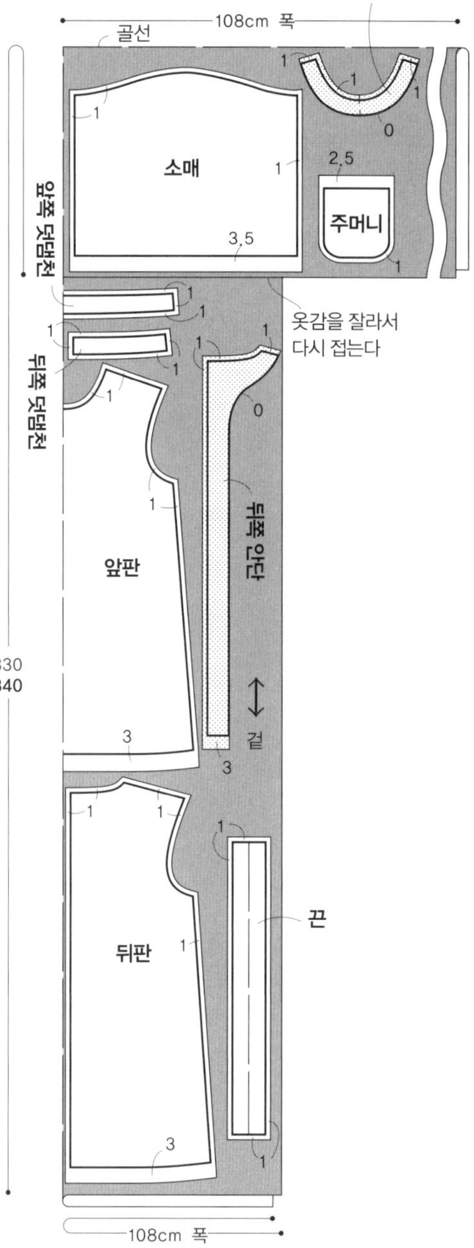

만드는 법

만드는 법

※ 준비 작업: 정해진 자리에 접착심지를 붙인다.
마름질하여 가장자리를 지그재그로 박는다. (주머니, 어깨선, 몸판 옆선, 안단, 소매 옆선)

1 끈을 만든다.

2 주머니를 만들어서 단다.(61쪽 참조)

3 어깨선을 박는다.(40쪽 참조)

4 안단을 박는다.(40쪽 참조)

5 몸판과 안단을 잇는다.(41쪽 참조)

6 소매를 단다.(41쪽 참조)

7 소매 옆선에서부터 몸판 옆선까지 이어서 박는다.(41쪽 참조)

8 밑단을 박는다.(41쪽 참조)

9 소맷부리를 박는다.(49쪽 참조, 납작 고무줄 A를 끼운다.)

10 덧댐천을 만든다.

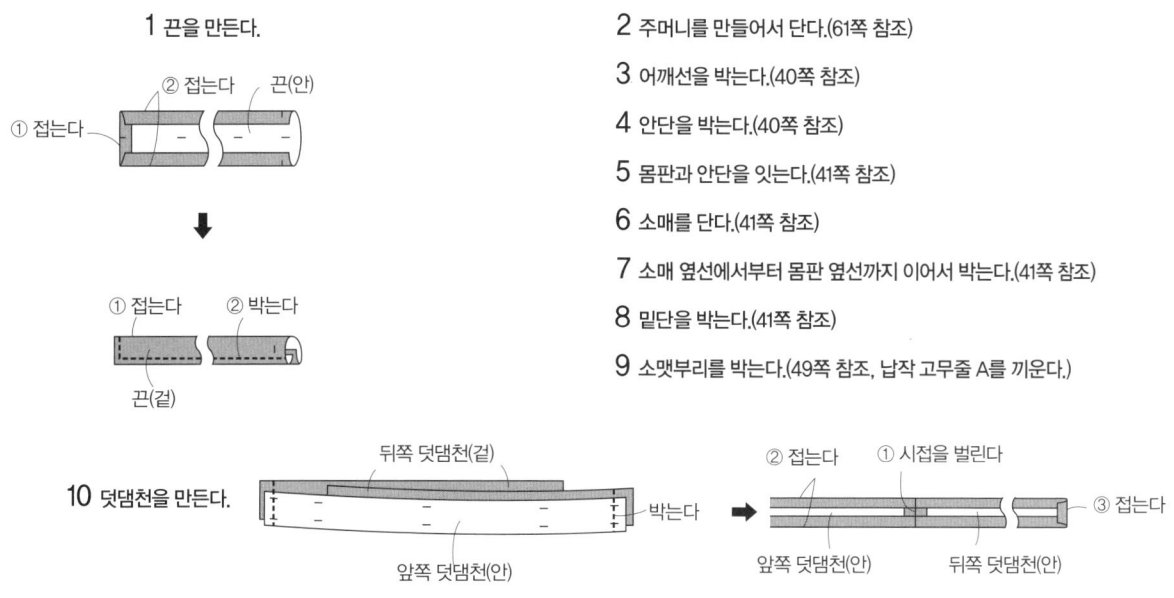

11 덧댐천과 끈을 단다.

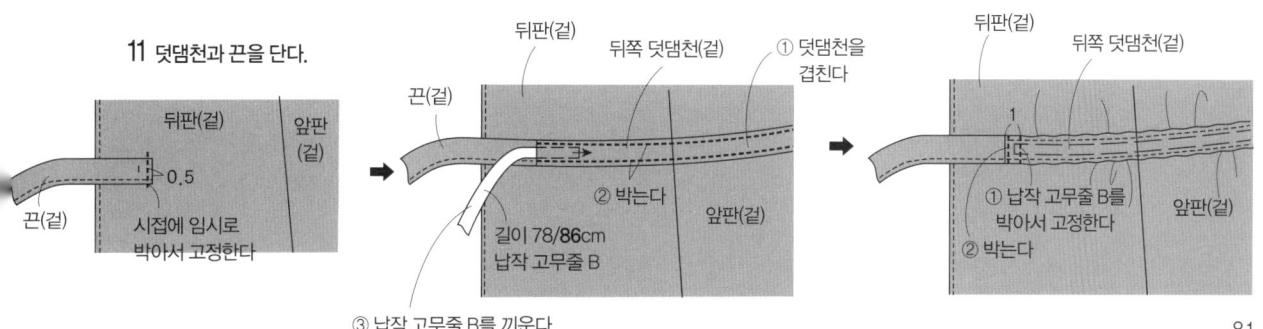

page 34_26

재료		S·M	L·LL
옷감(샴브레이 데님)	124cm 폭	3m	3m 20cm
접착심지(니혼바이린 FV-2N)	112cm 폭	20cm	20cm
납작 고무줄	1.5cm 폭	20cm	20cm
단추	지름 1.3cm	2개	2개

완성 치수		S·M	L·LL
전체 길이		92cm	96.7cm

옷본

◆ 실물 크기 옷본은 B면에 있습니다.
• 사용하는 부분: 앞판, 뒤판, 앞쪽 안단, 뒤쪽 안단, 주머니, 소매

※ 고무띠, 태브는 실물 크기 옷본이 없으므로 각자 제도합니다.

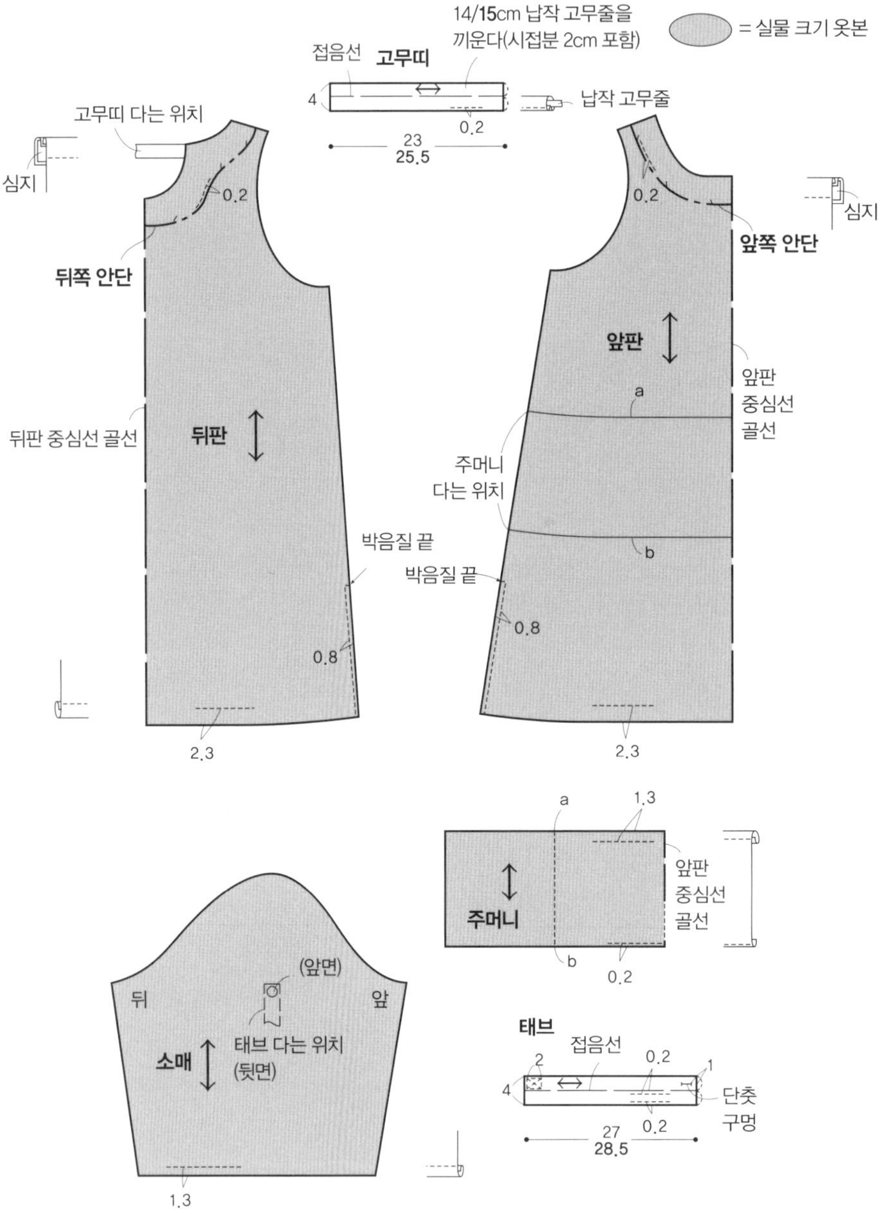

숫자 보는 법
S~M 치수
L~LL 치수
하나만 있는 숫자는 공통

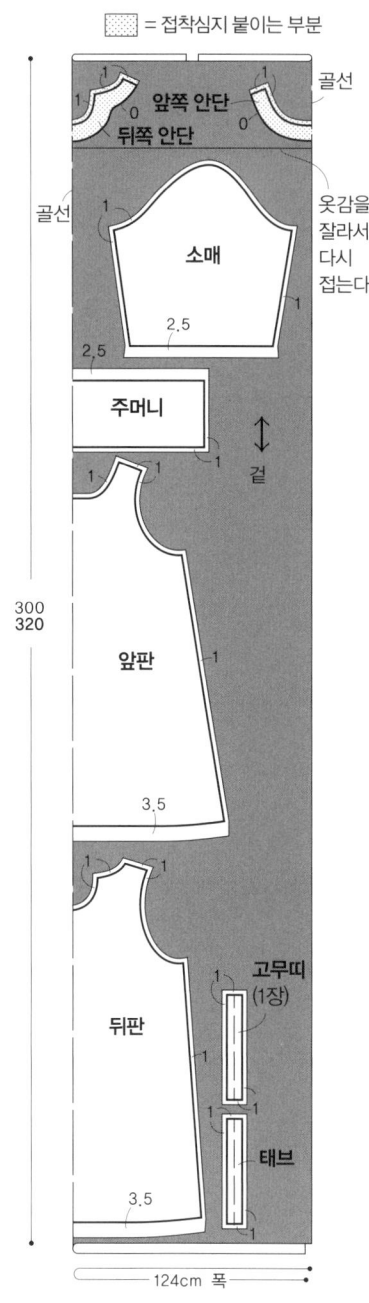

옷감을 마름질하는 법

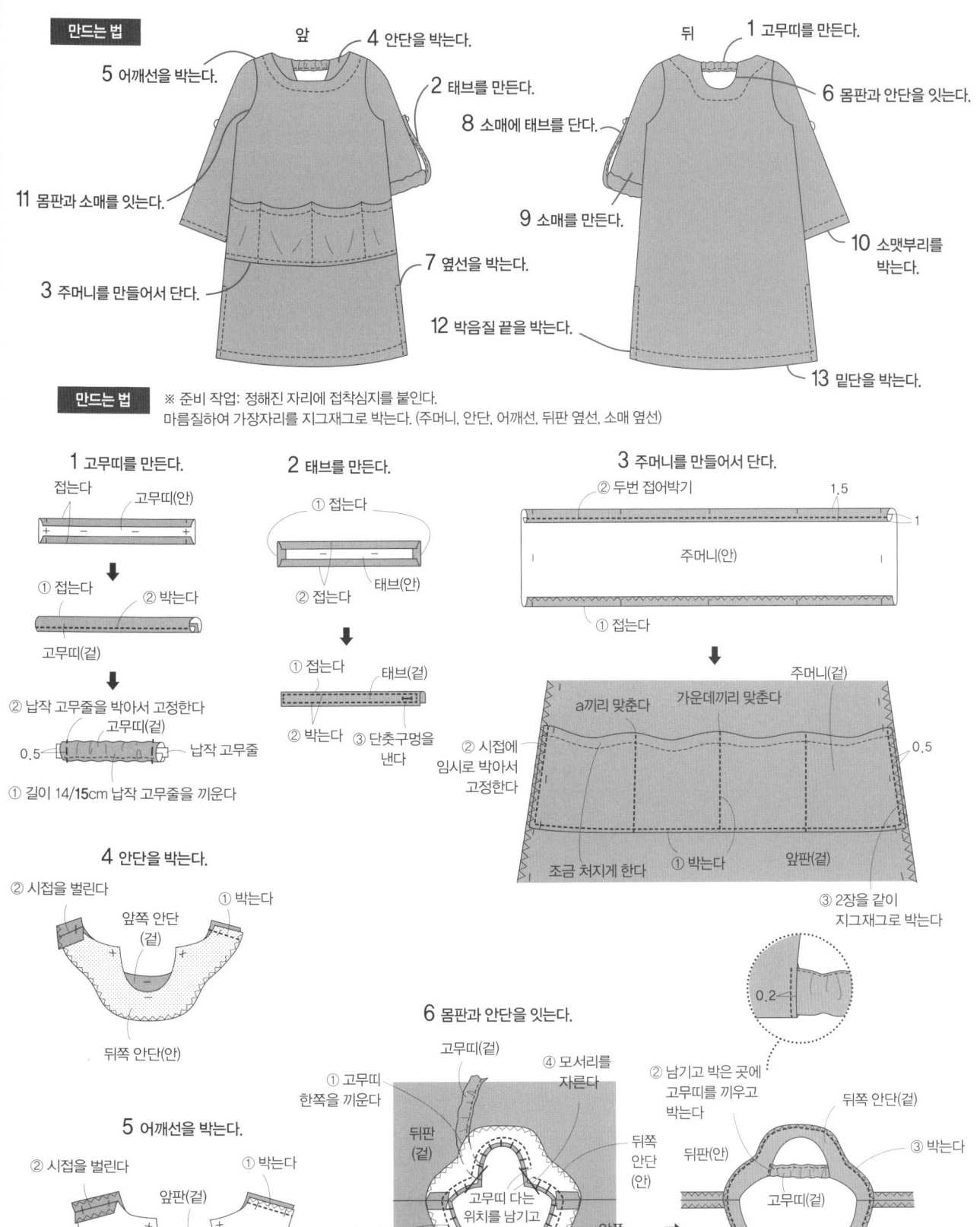

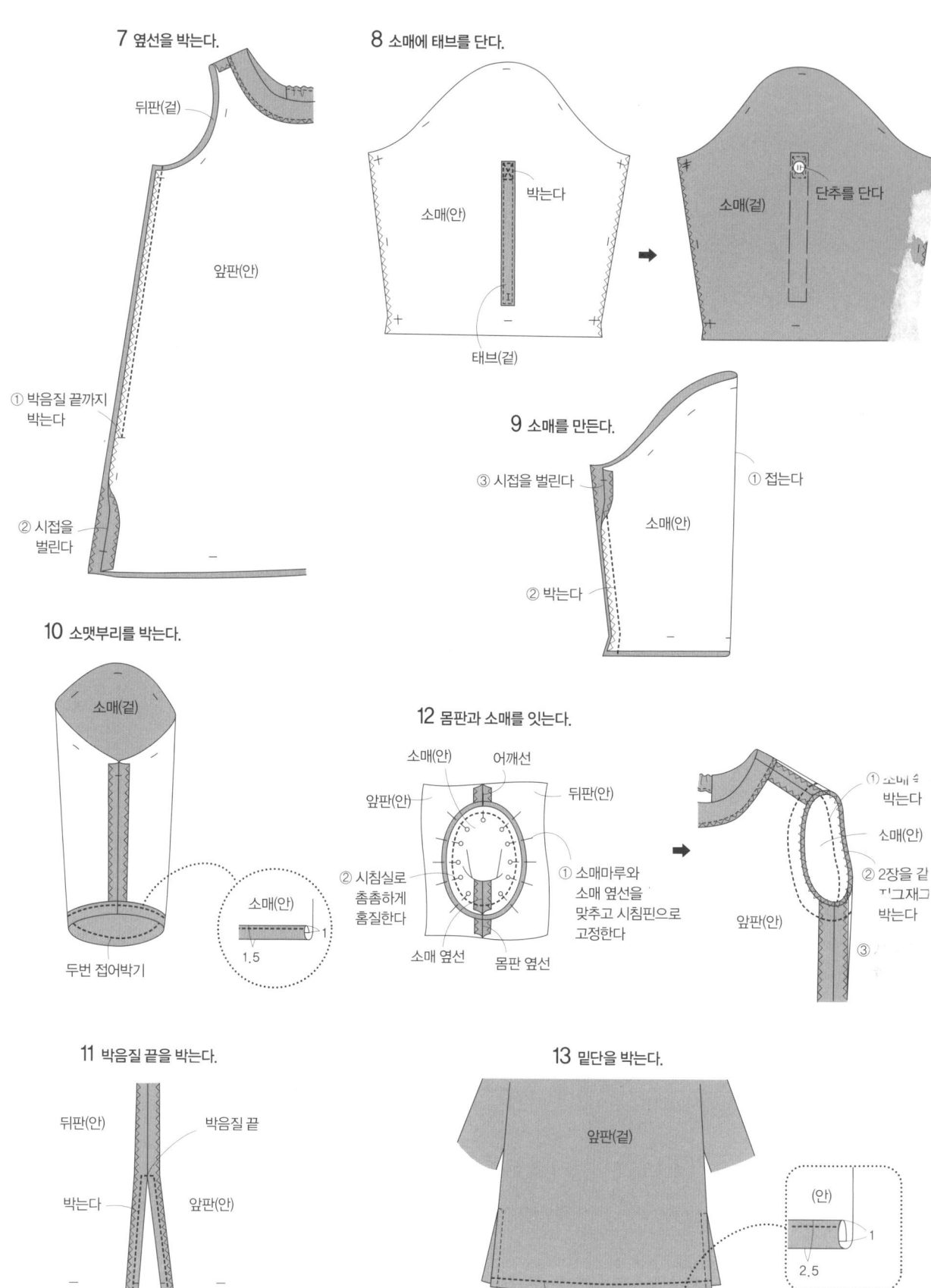